HARRY POTTER

ET
L'ENFANT MAUDIT

PARTIES UN ET DEUX

D'APRÈS UNE NOUVELLE HISTOIRE ORIGINALE DE
J.K. ROWLING
JOHN TIFFANY & JACK THORNE
UNE PIÈCE DE THÉÂTRE DE **JACK THORNE**

UNE PRODUCTION ORIGINALE
DE SONIA FRIEDMAN PRODUCTIONS, COLIN CALLENDER
ET HARRY POTTER THEATRICAL PRODUCTIONS

LE TEXTE OFFICIEL
DE LA PRODUCTION ORIGINALE DU WEST END (LONDRES)

TEXTE INTÉGRAL DE LA PIÈCE DE THÉÂTRE

HARRY POTTER

ET L'ENFANT MAUDIT

PARTIES UN ET DEUX

Traduit de l'anglais par
Jean-François Ménard

GALLIMARD

D'après une conception originale de J.K. Rowling avec John Tiffany et Jack Thorne, la pièce de Jack Thorne *Harry Potter et l'enfant maudit* est la huitième histoire de Harry Potter, et la première à être destinée à la scène. L'aventure de Harry Potter, de ses amis et de sa famille se poursuit pour les lecteurs du monde entier dans cette édition du texte intégral de la pièce de théâtre, parue à la suite de la première représentation à Londres le 30 juillet 2016.

Harry Potter et l'enfant maudit est produit pour la scène par Sonia Friedman Productions, Colin Callender et Harry Potter Theatrical Productions.

Titre original : *Harry Potter and the Cursed Child, Parts One and Two –*
(Special Rehearsal Edition Script)

Édition originale publiée par Little, Brown, Grande-Bretagne, 2016
Harry Potter Publishing and Theatrical rights © J.K. Rowling
© Harry Potter Theatrical Productions Limited, 2016, pour le texte
© Éditions Gallimard Jeunesse, 2016, pour la traduction française

DANS LA PRESSE

« Le théâtre britannique n'a rien connu de tel depuis des décennies. C'est un triomphe ! »

THE DAILY TELEGRAPH (Grande-Bretagne)

« Quelle histoire merveilleuse, pleine de magie et de surprises ! »

THE TIMES (Grande-Bretagne)

« Humain, plein d'esprit et d'une extraordinaire inventivité. »

THE INDEPENDENT (Grande-Bretagne)

« Harry Potter et l'enfant maudit est aussi enchanteur et irrésistible que les livres précédents. »

THE AUSTRALIAN (Australie)

« La diffusion du livre Harry Potter et l'enfant maudit garde vivante toute la magie. »

THE WALL STREET JOURNAL (États-Unis)

« Le suspense est électrisant et haletant… » dans « cette pièce captivante et sophistiquée ».

THE NEW YORK TIMES (États-Unis)

J.K. ROWLING

*Pour Jack Thorne,
qui est entré
dans mon monde
et y a fait de belles choses.*

JOHN TIFFANY

Pour Joe, Louis, Max, Sonny et Merle… tous sorciers…

JACK THORNE

*Pour Elliott Thorne, né le 7 avril 2016.
Pendant les répétitions, il gazouillait.*

PREMIÈRE PARTIE

PREMIÈRE PARTIE

ACTE I

ACTE I   SCÈNE I

LA GARE DE KING'S CROSS, À LONDRES

La gare est bondée et plongée dans une grande agitation. L'endroit déborde d'une foule de gens qui essayent tous d'aller quelque part. Au milieu de ce tohu-bohu, bouillonnant et tourbillonnant, deux grandes cages bringuebalent sur des chariots surchargés de bagages, poussés par deux jeunes garçons : JAMES POTTER *et* ALBUS POTTER. *Ils sont suivis de* GINNY, *leur mère. Un homme de trente-sept ans,* HARRY, *porte sa fille,* LILY, *sur ses épaules.*

ALBUS
    Papa ! Il n'arrête pas de me répéter tout le temps la même chose.

HARRY
    James, arrête un peu.

JAMES
    J'ai simplement dit qu'il allait peut-être se retrouver à Serpentard. Et c'est bien possible, alors… (*sous le regard noir de son père*) bon, d'accord.

ALBUS (*il lève les yeux vers sa mère*)
    Vous m'écrirez, hein ?

GINNY
    Tous les jours, si tu veux.

ALBUS

Non. Pas tous les jours. James dit que la plupart des élèves ne reçoivent des lettres de chez eux qu'une fois par mois. Je ne voudrais pas que...

HARRY

Nous avons écrit à ton frère trois fois par semaine, l'année dernière.

ALBUS

Quoi ? James !

ALBUS *lance à* JAMES *un regard accusateur.*

GINNY

Eh oui. Il ne faut pas croire tout ce qu'il te raconte sur Poudlard. Il aime bien se moquer de toi, ton frère.

JAMES *(il sourit)*

On pourrait peut-être y aller, maintenant, s'il vous plaît ?

ALBUS *regarde son père, puis sa mère.*

GINNY

Il suffit d'avancer droit vers le mur entre la voie 9 et la voie 10.

LILY

J'ai tellement envie de voir ça !

HARRY

Ne t'arrête pas et n'aie pas peur de t'écraser contre le mur, c'est très important. Le mieux, si tu as le trac, c'est de courir.

ALBUS

Je suis prêt.

HARRY *et* LILY *posent leurs mains sur le chariot d'*ALBUS — GINNY *se joint à* JAMES *pour l'aider à pousser le sien — et toute la famille se met alors à courir droit vers la barrière.*

ACTE I SCÈNE 2

NOUS SOMMES PASSÉS À PRÉSENT
SUR LA VOIE 9¾

Et le quai baigne dans un épais nuage de vapeur qui s'élève du POUDLARD
EXPRESS.
*Là aussi, il règne une grande fébrilité, mais les habituels voyageurs partant
au travail vêtus de costumes impeccables ont maintenant laissé place à des
sorciers et des sorcières habillés de longues robes. Et ce qui les préoccupe
avant tout, c'est de trouver la meilleure manière de dire au revoir à leur
progéniture bien-aimée.*

ALBUS

   Ça y est.

LILY

   Waouh !

ALBUS

   La voie 9¾.

LILY

   Ils sont où ? Tu les vois ? Tu crois qu'ils ne sont pas venus ?

   HARRY *fait un geste du doigt. On découvre alors* RON, HERMIONE, *et
leur fille* ROSE. *Lorsqu'elle les aperçoit,* LILY *se précipite vers eux en
courant à toutes jambes.*

LILY

Oncle Ron. Oncle Ron !!!

RON se retourne tandis que LILY se rue sur lui. Il la soulève et la serre dans ses bras.

RON

Ma parole, mais c'est ma petite préférée dans la famille Potter.

LILY

Tu m'as apporté mon nouveau tour de magie ?

RON

Tu connais l'haleine qui fait disparaître les nez ? Tout droit sortie de chez Weasley, le magasin de farces pour sorciers facétieux.

ROSE

Maman ! Papa va encore nous faire son vieux tour débile.

HERMIONE

Tu trouves ça débile, il trouve ça irrésistible. Moi, je dirais que c'est quelque part entre les deux.

RON

Regarde bien. Je commence par avaler un peu d'air... en mâchant bien. Et maintenant, il suffit de... Excuse-moi si je sens vaguement l'ail...

RON lui souffle à la figure et LILY pouffe de rire.

LILY

Tu sens le porridge.

RON

Bing. Bang. Boing. Ma petite demoiselle, tu ne vas plus rien sentir du tout, maintenant...

Il lui prend le nez et le tire comme s'il l'arrachait.

LILY

Où est passé mon nez ?

RON

Et voilà !

Il n'a plus rien dans la main. Le tour est assez consternant, mais c'est justement ce que tout le monde semble apprécier.

LILY

Tu es bête.

ALBUS

Tout le monde recommence à nous regarder.

RON

C'est à cause de moi ! Je suis très célèbre. Mes expériences sur les nez sont devenues légendaires !

HERMIONE

Il faut reconnaître que c'est quelque chose !

HARRY

Alors, tu as réussi à ranger la voiture ?

RON

Oui. Hermione ne croyait pas que je puisse passer un permis de Moldus, et toi ? Elle pensait qu'il faudrait que je jette un sortilège de Confusion à l'examinateur.

HERMIONE

Ce n'est pas du tout ce que je pensais, j'ai parfaitement confiance en toi.

ROSE

Et moi, je lui fais confiance pour avoir jeté le sortilège.

RON

Hé là !

ALBUS

Papa…

ALBUS tire sur un pan de la robe de HARRY. Celui-ci baisse les yeux vers son fils.

ALBUS

Tu crois que… Si j'étais… Imagine que je sois envoyé à Serpentard ?

HARRY

Qu'est-ce qu'il y aurait de mal à ça ?

ALBUS

Serpentard, c'est la maison du serpent, celle des forces du Mal…
Ce n'est pas une maison de sorciers courageux.

HARRY

Albus Severus, tes deux prénoms t'ont été donnés en souvenir
de deux directeurs de Poudlard. L'un d'eux était un Serpentard
et il était sans doute l'homme le plus courageux que j'aie jamais
rencontré.

ALBUS

Mais dis-moi simplement…

HARRY

Si c'est important pour *toi*, alors le Choixpeau magique tiendra
compte de ce que tu ressens.

ALBUS

Vraiment ?

HARRY

C'est ce qui s'est passé pour moi.

*Jamais encore il n'avait fait cette révélation. Ce souvenir semble
résonner en lui pendant un moment.*

HARRY

Poudlard te formera, Albus. Je te promets que tu n'as rien à
craindre, là-bas.

JAMES

Sauf les Sombrals. Fais attention aux Sombrals.

ALBUS

Je croyais qu'ils étaient invisibles !

HARRY

Écoute tes professeurs, *n'écoute pas* James, et surtout profite bien
de tout. Maintenant, si tu ne veux pas que ce train parte sans
toi, tu ferais mieux de sauter dedans…

LILY

Et moi, je vais courir après le train.

GINNY

Lily, reviens ici tout de suite.

HERMIONE

Rose, n'oublie pas de transmettre nos amitiés à Neville.

ROSE

Maman ! Je ne peux pas transmettre des amitiés à un professeur !

ROSE *s'éloigne pour monter dans le train.* ALBUS *se tourne alors vers* GINNY *et* HARRY *et les embrasse une dernière fois avant de la suivre.*

ALBUS

Bon, ben, au revoir.

Il disparaît à l'intérieur du wagon. HERMIONE, GINNY, RON, LILY *et* HARRY *restent là à regarder le train. Des coups de sifflet retentissent d'un bout à l'autre du quai.*

GINNY

Ils seront bien, là-bas, hein ?

HERMIONE

C'est très grand, Poudlard.

RON

Grand. Magnifique. Avec plein de bonnes choses à manger. Je donnerais n'importe quoi pour y retourner.

HARRY

Bizarre qu'Al ait peur d'être envoyé à Serpentard.

HERMIONE

Ce n'est rien. Rose, sa grande peur à elle, c'est de savoir si elle va battre des records au Quidditch la première ou la deuxième année. Et si elle pourra passer ses B.U.S.E. en avance.

RON

Je me demande d'où lui vient son ambition.

GINNY

Et toi, Harry, qu'est-ce que ça te ferait si Al… s'il était…

RON

Tu sais, Gin, on a toujours pensé que toi, tu aurais pu te retrouver à Serpentard.

GINNY

Quoi ?

RON

C'est vrai, Fred et George prenaient les paris.

HERMIONE

Et si on y allait ? Les gens nous regardent, tu sais.

GINNY

Les gens vous regardent toujours quand vous êtes tous les trois ensemble. Et même quand vous êtes séparés. Quoi qu'il arrive, on vous regarde.

Ils sortent tous les quatre. GINNY *retient* HARRY *par le bras.*

GINNY

Dis, Harry… Il sera bien, là-bas, tu crois ?

HARRY

Évidemment qu'il sera bien.

ACTE I   SCÈNE 3

À BORD DU POUDLARD EXPRESS

Dans le train, ALBUS *et* ROSE *avancent le long du couloir d'un wagon.
La* SORCIÈRE AUX BONBONS *s'approche d'eux en poussant son chariot.*

LA SORCIÈRE AUX BONBONS

Quelque chose vous ferait plaisir, les enfants ? Des Patacitrouilles ? Des Chocogrenouilles ? Des Fondants du Chaudron ?

ROSE *(elle a remarqué qu'*ALBUS *regarde les Chocogrenouilles avec envie)*
Al ! Nous devons nous concentrer.

ALBUS

Nous concentrer sur quoi ?

ROSE

Sur les amis que nous allons choisir. Ma mère et mon père ont
rencontré ton père dans le Poudlard Express, la première fois
qu'ils l'ont pris, tu sais bien…

ALBUS

Alors, il faudrait qu'on choisisse maintenant des gens avec qui
on va rester amis toute notre vie. Ça fait un peu peur.

ROSE

Au contraire, on a une chance formidable. Je suis une Granger-
Weasley, tu es un Potter – tout le monde voudra forcément être
ami avec nous, on peut se permettre de choisir qui on veut.

ALBUS

Mais comment décider où on va s'asseoir ?

ROSE

Il n'y a qu'à aller voir dans tous les wagons, après on décidera.

ALBUS *ouvre la porte d'un compartiment et voit, assis sur la banquette, un garçon aux cheveux blonds. C'est* SCORPIUS. *Il n'y a personne d'autre avec lui.* ALBUS *sourit.* SCORPIUS *lui rend son sourire.*

ALBUS

Salut. Est-ce que... il y a de la place dans ce compartiment ?

SCORPIUS

Il est vide. Je suis tout seul.

ALBUS

Génial. On pourrait peut-être... s'asseoir un moment... si c'est OK pour toi ?

SCORPIUS

C'est OK. Salut.

ALBUS

Albus. Ou Al. C'est... mon nom. Albus...

SCORPIUS

Salut, Scorpius. Je veux dire, Scorpius, c'est moi. Toi, c'est Albus. Moi, c'est Scorpius. Et toi, tu dois être...

Le visage de ROSE *affiche une expression glaciale.*

ROSE

Rose.

SCORPIUS

Salut, Rose. J'ai des Fizwizbiz, tu en veux ?

ROSE

Désolée, je viens de prendre mon petit déjeuner.

SCORPIUS

J'ai aussi des Shock-o-Choc, des Gnomes au poivre et quelques Gommes de limace. C'est une idée de ma mère. Elle dit toujours *(il chante)* : rien ne vaut les bonbons pour se faire... des amis *(il se rend compte qu'il n'aurait pas dû chanter).* Une idée stupide, sans doute.

ALBUS

Moi, j'en veux bien… Les bonbons, ma mère m'interdit d'en manger. On commence par quoi ?

Sans que SCORPIUS *s'en aperçoive,* ROSE *donne un coup de coude à* ALBUS.

SCORPIUS

Oh, facile. Pour moi, le roi des bonbons, c'est le Gnome au poivre. Ils ont un goût de menthe et ils te font sortir de la fumée par les oreilles.

ALBUS

Parfait, c'est ce que je vais… (ROSE *lui donne un nouveau coup.*) Rose, s'il te plaît, tu arrêtes de me donner des coups ?

ROSE

Je ne t'ai donné aucun coup.

ALBUS

Si, tu m'en as donné plusieurs et je te signale que ça fait mal.

Les traits de SCORPIUS *s'affaissent.*

SCORPIUS

C'est à cause de moi.

ALBUS

Quoi ?

SCORPIUS

Qu'elle te donne des coups. Écoute, je sais qui tu es, alors, il vaut sans doute mieux que toi aussi, tu saches qui je suis.

ALBUS

Comment ça, tu sais qui je suis ?

SCORPIUS

Tu t'appelles Albus Potter. Elle, c'est Rose Granger-Weasley. Et moi, je suis Scorpius Malefoy. Le fils d'Astoria et Drago Malefoy. Et nos parents, les tiens et les miens, ils n'étaient pas vraiment amis.

ROSE

C'est peu dire. Ta mère et ton père sont des Mangemorts !

SCORPIUS (*scandalisé*)

Papa, oui. Mais pas maman.

ROSE *détourne le regard et* SCORPIUS *sait très bien pourquoi.*

SCORPIUS

Je sais qu'il y a une rumeur qui circule, mais c'est un mensonge.

ALBUS *regarde* ROSE *qui est visiblement mal à l'aise, puis* SCORPIUS *qui semble effondré.*

ALBUS

Et c'est quoi… cette rumeur ?

SCORPIUS

La rumeur dit que mes parents ne pouvaient pas avoir d'enfants. Que mon père et mon grand-père étaient désespérés à l'idée que la lignée des Malefoy s'éteigne s'ils n'avaient pas un héritier digne de leur nom… Alors, on prétend qu'ils se sont servis d'un Retourneur de Temps pour envoyer ma mère dans le passé…

ALBUS

L'envoyer où ?

ROSE

Selon la rumeur, il est le fils de Voldemort.

Le silence qui s'installe crée un terrible malaise.

ROSE

C'est sans doute une idiotie… Toi, au moins, tu as un nez.

L'ambiance se détend légèrement. SCORPIUS *éclate de rire, avec une gratitude un peu pitoyable.*

SCORPIUS

Le même que celui de mon père ! J'ai son nez, ses cheveux, et son nom. Ce qui n'est pas forcément un avantage. Les problèmes père-fils, je les ai aussi. Mais, dans l'ensemble, j'aime mieux être un Malefoy que… vous voyez ce que je veux dire… Le fils du Seigneur des Ténèbres.

SCORPIUS *et* ALBUS *échangent un regard qui montre que quelque chose passe entre eux.*

ROSE

Bon, on ferait bien d'aller s'asseoir ailleurs. Viens, Albus.

ALBUS *paraît plongé dans une intense réflexion.*

ALBUS

Non. (*Se détournant de* ROSE.) Je suis bien, ici. Vas-y, toi.

ROSE

Albus. Je n'ai pas l'intention de t'attendre.

ALBUS

Je ne te demande rien. Je reste là, c'est tout.

ROSE *l'observe un instant, puis elle sort du compartiment.*

ROSE

Très bien.

Demeurés seuls, SCORPIUS *et* ALBUS *se regardent d'un air un peu incertain.*

SCORPIUS

Merci.

ALBUS

Ne me remercie pas. Ce n'est pas pour toi que je suis resté, c'est pour tes bonbons.

SCORPIUS

Elle a du caractère.

ALBUS

Oui. Désolé.

SCORPIUS

Ça ne me déplaît pas. Tu préfères que je t'appelle Albus ou Al ?

SCORPIUS *sourit et enfourne deux bonbons dans sa bouche.*

ALBUS (*après un instant de réflexion*)

Albus.

SCORPIUS (*de la fumée commence à lui sortir des oreilles*)
MERCI D'ÊTRE RESTÉ AVEC MOI POUR MES BONBONS, ALBUS.

ALBUS (*éclatant de rire*)
Waouh !

ACTE I SCÈNE 4

SCÈNE DE TRANSITION

Nous entrons maintenant dans un monde lointain, où le temps n'est plus le même. Cette scène est entièrement de l'ordre de la magie.
Les changements sont rapides tandis que nous sautons d'un monde à l'autre. Ce ne sont pas des scènes individuelles, mais des fragments, des brisures qui montrent la progression constante du temps.
*Au début, nous sommes à l'intérieur de l'école Poudlard, dans la Grande Salle, et tout le monde tourne autour d'*ALBUS.

POLLY CHAPMAN
Albus Potter.

KARL JENKINS
Un Potter. Avec nous en première année.

YANN FREDERICKS
Il a les mêmes cheveux. Exactement les mêmes cheveux que lui.

ROSE
Et c'est mon cousin. (*Tout le monde la regarde.*) Je m'appelle Rose Granger-Weasley. Enchantée.

Le CHOIXPEAU MAGIQUE *se fraie un chemin parmi les élèves qui se précipitent vers leurs maisons respectives.*
Il apparaît très vite que le CHOIXPEAU *s'approche de* ROSE, *tendue dans l'attente de son sort.*

LE CHOIXPEAU MAGIQUE

Au cours de tant de siècles, j'ai scruté les cerveaux,
J'ai lu dans les pensées des élèves nouveaux,
Année après année, j'ai joué ce rôle unique
Qui a fait mon renom, moi, le Choixpeau magique.

Au plus haut, au plus bas, j'ai choisi sans relâche,
Contre vents et marées, j'ai accompli ma tâche,
Posez-moi sur la tête, la voix de la raison
Révélera alors quelle est votre maison.

Il pose son chapeau sur la tête de ROSE.

LE CHOIXPEAU MAGIQUE

GRYFFONDOR !

Des acclamations s'élèvent dans le groupe des Gryffondor tandis que ROSE *se joint à eux.*

ROSE

Dumbledore soit loué !

SCORPIUS *se précipite pour prendre la place de* ROSE *sous le regard noir du* CHOIXPEAU MAGIQUE.

LE CHOIXPEAU MAGIQUE

Scorpius Malefoy.

Il pose son chapeau sur la tête de SCORPIUS.

LE CHOIXPEAU MAGIQUE

SERPENTARD !

SCORPIUS *s'y attendait. Il approuve d'un signe de tête accompagné d'un demi-sourire. Des acclamations s'élèvent également du groupe des Serpentard lorsqu'il va les rejoindre.*

POLLY CHAPMAN

Il fallait s'y attendre.

D'un pas rapide, ALBUS *se dirige vers l'avant de la scène.*

LE CHOIXPEAU MAGIQUE
Albus Potter.

*Il pose son chapeau sur la tête d'*ALBUS *– et, cette fois, il semble prendre davantage de temps – comme si lui-même était un peu désorienté.*

LE CHOIXPEAU MAGIQUE
SERPENTARD !

Il y a un silence.
Un silence total, profond.
Un silence pesant, qui remue chacun et a quelque chose de délétère.

POLLY CHAPMAN
Serpentard ?

CRAIG BOWKER JR
Waouh ! Un Potter ? À Serpentard ?

ALBUS *regarde autour de lui, incertain.* SCORPIUS *a un sourire ravi et lui crie :*

SCORPIUS
Tu peux venir à côté de moi !

ALBUS *(totalement déboussolé)*
Oui. D'accord.

YANN FREDERICKS
Après tout, peut-être que ses cheveux ne sont pas si ressemblants.

ROSE
Albus ! Voyons, Albus, ça ne va pas du tout. Ce n'est pas ce qui était prévu.

Et soudain, nous assistons à un cours de balai volant donné par MADAME BIBINE.

MADAME BIBINE
Eh bien, qu'est-ce que vous attendez ? Allons, allons, tout le monde devant son balai. Vite, dépêchez-vous !

Chacun des élèves se précipite pour prendre place à côté d'un balai.

MADAME BIBINE

Tendez les mains au-dessus du manche et dites : « Debout ! »

TOUS EN CHŒUR

DEBOUT !

Les balais de ROSE *et de* YANN *s'élèvent et viennent se placer entre leurs mains.*

ROSE *et* YANN

Ouais !

MADAME BIBINE

Allons, allons, je n'ai pas de temps à perdre avec les fainéants. Il faut dire : « DEBOUT ! » Et quand vous le dites, il faut y croire !

TOUS EN CHŒUR (*à part* ROSE *et* YANN)

DEBOUT !

Presque tous les balais décollent, y compris celui de SCORPIUS. *Seul celui d'*ALBUS *est resté au sol.*

TOUS EN CHŒUR (*à part* ROSE, YANN *et* ALBUS)

OUAIS !

ALBUS

Debout. DEBOUT. DEBOUT !

Son balai ne bouge pas. Même pas d'un millimètre. Il le regarde d'un air incrédule, désespéré. On entend des ricanements parmi ses camarades de classe.

POLLY CHAPMAN

Par la barbe de Merlin ! Quelle humiliation ! Il ne ressemble vraiment pas à son père.

KARL JENKINS

Albus Potter, le Cracmol de Serpentard.

MADAME BIBINE

Bon, les enfants, il est temps de prendre son vol.

Et soudain, HARRY *surgit de nulle part à côté d'*ALBUS *sur la scène envahie d'une épaisse vapeur. Nous sommes de retour sur la voie 9¾* *et le temps a passé impitoyablement.* ALBUS *a maintenant un an de plus (tout comme* HARRY*, mais on le remarque moins chez lui).*

ALBUS

Papa, je te demande simplement de... si tu pouvais t'écarter un peu.

HARRY *(amusé)*

Quand on entre en deuxième année, on n'aime pas trop être vu avec son père, c'est ça ?

Un SORCIER UN PEU TROP ATTENTIF *se met à tourner autour d'eux.*

ALBUS

Mais non, seulement... toi, c'est *toi* et moi, c'est *moi* et...

HARRY

Il y a simplement des gens qui nous regardent. On ne peut pas les en empêcher. Et c'est moi qu'ils regardent, pas toi.

Le SORCIER UN PEU TROP ATTENTIF *tend quelque chose à* HARRY *pour qu'il le signe.* HARRY *s'exécute de bonne grâce.*

ALBUS

Ils regardent Harry Potter et son fils décevant.

HARRY

Qu'est-ce que ça signifie ?

JAMES *passe en trombe devant eux, sa valise à la main.*

JAMES

Serpentard, Serpentard, cesse de broyer du noir, il est temps de monter dans le train.

HARRY

Pas très malin, James.

JAMES *(déjà ailleurs depuis longtemps)*
On se revoit à Noël, papa.

HARRY *regarde* ALBUS *d'un air inquiet.*

HARRY

Al...

ALBUS

Je m'appelle Albus, pas Al.

HARRY

Les autres élèves sont désagréables avec toi ? C'est ça ? Tu devrais peut-être essayer de te faire d'autres amis… Sans Hermione et Ron, je n'aurais jamais pu survivre, à Poudlard. Je n'aurais pas pu survivre du tout, d'ailleurs.

ALBUS

Mais moi, je n'ai pas besoin d'un Ron ou d'une Hermione. J'ai… j'ai un ami, Scorpius. Je sais bien que tu ne l'aimes pas, mais je n'ai besoin de personne d'autre.

HARRY

Écoute, du moment que tu es heureux, c'est tout ce qui compte pour moi.

ALBUS

Tu n'avais pas besoin de m'accompagner à la gare, papa.

ALBUS *prend sa valise et s'éloigne d'un pas résolu.*

HARRY

C'est *moi* qui voulais être avec toi…

Mais ALBUS *est déjà parti.* DRAGO MALEFOY, *sa robe de sorcier impeccable, ses cheveux blonds ramenés en un catogan soigné, émerge de la foule à côté de* HARRY.

DRAGO

J'ai besoin d'un service.

HARRY

Drago.

DRAGO

Ces rumeurs – à propos des origines de mon fils… Il semble qu'elles persistent… Les autres élèves de Poudlard se moquent de Scorpius avec acharnement. Si le ministère pouvait publier un communiqué… pour réaffirmer que tous les Retourneurs de Temps ont été détruits dans la bataille du Département des mystères…

HARRY

Drago, ces rumeurs finiront par disparaître d'elles-mêmes...
Bientôt, on passera à autre chose.

DRAGO

Mon fils en souffre et... Astoria ne va pas bien, ces temps-ci...
Scorpius a besoin de tout le soutien qu'on puisse lui apporter.

HARRY

Quand on répond aux commérages, on ne fait que les alimenter.
Pendant des années, la rumeur a couru que Voldemort avait eu
un enfant. Scorpius n'est pas le premier à être cité. Dans ton
intérêt comme dans le nôtre, le ministère doit rester à l'écart
de tout cela.

*DRAGO fronce les sourcils, agacé, tandis que la scène se vide, ROSE et
ALBUS se tenant prêts avec leurs valises.*

ALBUS

Dès que le train sera parti, tu n'auras plus besoin de me parler.

ROSE

Je sais. Il faut simplement faire semblant devant les adultes.

*SCORPIUS arrive en courant – avec de grands espoirs et une valise
encore plus grande.*

SCORPIUS *(plein d'espoir)*
Salut, Rose.

ROSE *(d'un ton catégorique)*
Au revoir, Albus.

SCORPIUS *(décidé à garder de l'espoir)*
On dirait qu'elle s'adoucit.

*Et brusquement, nous sommes dans la Grande Salle. Le PROFESSEUR
McGONAGALL se tient au premier plan, un grand sourire sur le visage.*

LE PROFESSEUR McGONAGALL

Et j'ai le plaisir de vous présenter la nouvelle joueuse de l'équipe
de Quidditch de Gryffondor – notre – *(elle se rend compte alors
qu'elle doit se montrer impartiale)*, votre extraordinaire poursui-
veuse : Rose Granger-Weasley.

Des acclamations explosent dans la Grande Salle. SCORPIUS *applaudit avec les autres.*

ALBUS

Toi aussi, tu l'applaudis? On déteste le Quidditch tous les deux et en plus, elle joue dans une autre maison.

SCORPIUS

C'est ta cousine, Albus.

ALBUS

Tu crois qu'elle m'applaudirait, moi?

SCORPIUS

Je la trouve fantastique.

Les élèves entourent à nouveau ALBUS *alors que commence un cours de potions.*

POLLY CHAPMAN

Albus Potter. Une aberration. Même les portraits lui tournent le dos quand il monte l'escalier.

ALBUS *est penché sur une potion, les épaules voûtées.*

ALBUS

Et maintenant, on ajoute… une corne de Bicorne, je crois?

KARL JENKINS

On n'a qu'à les laisser faire, lui et le fils de Voldemort.

ALBUS

Avec quelques gouttes de sang de salamandre…

La potion explose dans un grand bruit.

SCORPIUS

Bon alors, quel est l'ingrédient qui ne va pas? Qu'est-ce qu'il faut changer?

ALBUS

Tout.

*Et maintenant, nous avons de nouveau avancé dans le temps – le regard d'*ALBUS *s'est assombri, son teint est devenu plus terreux.*

C'est toujours un beau garçon mais il s'efforce de ne pas l'admettre. Soudain, il est de retour sur la voie 9 ¾, en compagnie de son père – qui essaye toujours de persuader son fils (et lui-même) que tout va bien. Les deux ont pris un an de plus.

HARRY

Troisième année. Très importante, cette année-là. Voici ton autorisation d'aller à Pré-au-Lard.

ALBUS

Je déteste Pré-au-Lard.

HARRY

Comment peux-tu détester un endroit où tu n'as encore jamais mis les pieds ?

ALBUS

Parce que je sais que c'est plein d'élèves de Poudlard.

ALBUS *chiffonne le papier et le réduit en boule.*

HARRY

Essaye quand même... allons... C'est ta chance de faire des folies chez Honeydukes sans que ta mère le sache... Non, Albus, tu n'oseras pas !

ALBUS *(sa baguette tendue)*
Incendio !

La boule de papier devient une boule de feu et s'envole dans les airs.

HARRY

Quelle idiotie !

ALBUS

L'ironie, c'est que je ne m'attendais pas à ce que ça marche. J'ai toujours été très mauvais dans ce sortilège.

HARRY

Al... enfin, Albus... j'ai échangé quelques hiboux avec le professeur McGonagall... Elle dit que tu as tendance à t'isoler... Tu ne participes pas beaucoup en classe... Tu es toujours renfrogné... tu es...

ALBUS

Et alors ? Qu'est-ce que tu voudrais que je fasse ? Que je devienne copain avec tout le monde par un tour de magie ? Que je jette un sort pour me retrouver dans une autre maison ? Que je me métamorphose en bon élève ? Tu n'as qu'à me lancer un sortilège, papa, comme ça tu me transformeras en ce que tu veux que je sois, d'accord ? Ce sera mieux pour nous deux. Bon, il faut que j'y aille, maintenant. J'ai un train à prendre. Et un ami à retrouver.

ALBUS *se met à courir en direction de* SCORPIUS, *assis un peu plus loin sur sa valise, indifférent au reste du monde.*

ALBUS (*ravi*)

Scorpius…
(*Soudain inquiet.*) Scorpius… Ça va ?

SCORPIUS *reste silencieux.* ALBUS *essaye de déchiffrer l'expression de son visage.*

ALBUS

Ta mère ? Ça s'est aggravé ?

SCORPIUS

Ça ne peut pas s'aggraver davantage.

ALBUS *s'assied au côté de* SCORPIUS.

ALBUS

Tu aurais dû m'envoyer un hibou…

SCORPIUS

Je n'arrivais pas à trouver les mots…

ALBUS

Maintenant, c'est moi qui ne sais plus quoi dire…

SCORPIUS

Alors, ne dis rien.

ALBUS

Il y a quelque chose que je peux…

SCORPIUS

Viens aux obsèques.

ALBUS

Bien sûr.

SCORPIUS

Et reste un ami pour moi.

Tout à coup, le CHOIXPEAU MAGIQUE *apparaît au centre de la scène. Nous sommes de retour dans la Grande Salle.*

LE CHOIXPEAU MAGIQUE

Avez-vous peur des noms que je dois prononcer ?
Redoutez-vous celui que je vais annoncer ?
Pas Poufsouffle ! Pas Serdaigle ! Pas non plus Gryffondor !
Surtout pas Serpentard ! Que sera donc mon sort ?
Ne crains rien, mon enfant, je sais très bien choisir,
Si tu pleures d'abord, après tu sauras rire.
Lily Potter. GRYFFONDOR.

LILY

Ouais !

ALBUS

Génial.

SCORPIUS

Tu penses vraiment qu'elle aurait pu se retrouver avec nous ? Les Potter ne sont pas chez eux, à Serpentard.

ALBUS

Si. Il y en a un.

Alors qu'il essaye de se fondre à l'arrière de la salle, les autres élèves éclatent de rire. Il les regarde tous.

ALBUS

Je n'ai pas choisi, vous savez ça ? Je n'ai pas choisi d'être son fils.

ACTE I   SCÈNE 5

MINISTÈRE DE LA MAGIE,
DANS LE BUREAU DE HARRY

HERMIONE *est assise devant des piles de papier dans le bureau de* HARRY *où règne un très grand désordre. Lentement, elle essaye de trier tout cela.* HARRY *surgit alors. Il a sur la joue une égratignure qui saigne.*

HERMIONE

Comment ça s'est passé ?

HARRY

C'était vrai.

HERMIONE

Theodore Nott ?

HARRY

En garde à vue.

HERMIONE

Et le Retourneur de Temps ?

HARRY *montre un Retourneur de Temps qui scintille d'un éclat intrigant.*

HERMIONE

C'est un vrai ? Il fonctionne ? Ce n'est pas seulement un Retourneur Horaire – il remonte plus loin dans le temps ?

HARRY

Nous n'en savons rien pour le moment. Je voulais l'essayer là-bas, mais la voix de la sagesse l'a emporté.

HERMIONE

En tout cas, nous l'avons, maintenant.

HARRY

Et tu es sûre que tu veux le garder ?

HERMIONE

Je ne crois pas que nous ayons le choix. Regarde bien. Il est complètement différent du Retourneur de Temps que j'avais à Poudlard.

HARRY *(pince-sans-rire)*

Apparemment, la sorcellerie a fait des progrès depuis notre jeunesse.

HERMIONE

Tu saignes.

HARRY va se regarder dans le miroir et tamponne sa blessure avec un pan de sa robe.

HERMIONE

Ne t'inquiète pas, ça ira très bien avec ta cicatrice.

HARRY *(il sourit)*

Qu'est-ce que tu fais dans mon bureau, Hermione ?

HERMIONE

J'avais hâte d'avoir des nouvelles de Theodore Nott et… en même temps, j'ai voulu voir si tu avais fini de mettre ta paperasserie à jour, comme tu me l'avais promis.

HARRY

Ah… Eh bien, on dirait que non.

HERMIONE

Non, en effet. Harry, comment peux-tu travailler dans ce capharnaüm ?

HARRY brandit sa baguette magique et aussitôt, livres et papiers se rangent d'eux-mêmes en piles bien alignées. HARRY a un grand sourire.

HARRY

Fini, le capharnaüm.

HERMIONE

Mais tu ignores toujours ce qu'il y a dedans ! Tu sais, parmi tous ces papiers, on peut trouver des choses intéressantes… Il y a des trolls des montagnes qui se promènent sur des Grapcornes en Hongrie, des géants avec des ailes tatouées sur le dos qui marchent dans les mers de Grèce et les loups-garous sont entièrement passés dans la clandestinité…

HARRY

Parfait, on va s'en occuper. Je vais rassembler l'équipe.

HERMIONE

D'accord, Harry, j'ai compris. La paperasse, ça t'ennuie…

HARRY

Mais toi, ça ne t'ennuie jamais.

HERMIONE

J'ai suffisamment à faire avec la mienne. Tous ces êtres et toutes ces bêtes ont combattu aux côtés de Voldemort dans les grandes guerres de sorciers. Ce sont des alliés des forces du Mal. Tout ça, combiné avec ce que nous venons de déterrer chez Theodore Nott, pourrait bien signifier quelque chose. Mais, bien sûr, si le directeur du Département de la justice magique ne lit pas ses dossiers…

HARRY

Je n'ai pas besoin de les lire… Je suis sur le terrain et j'en entends parler. Theodore Nott… c'est moi qui ai entendu les rumeurs sur le Retourneur de Temps et c'est moi qui ai pris des mesures. Tu n'as aucune raison de me faire des reproches.

HERMIONE *regarde intensément* HARRY. *La situation exige du doigté.*

HERMIONE

Tu veux un caramel ? Ne le dis pas à Ron.

HARRY

Tu détournes la conversation.

HERMIONE

Oui, c'est vrai. Alors, tu en veux ?

HARRY

Je ne peux pas. Ces temps-ci, on est au régime sans sucre, à la maison.

Un temps.

Tu sais que c'est une vraie drogue, ce truc-là ?

HERMIONE

Qu'est-ce que tu veux que je te dise ? Mes parents étaient dentistes, il fallait bien que je me révolte un jour ou l'autre. À quarante ans, c'est un peu tard, mais… Tu viens d'accomplir quelque chose de remarquable. Et tu peux être sûr que je ne te fais aucun reproche. Je voudrais simplement que tu consultes un peu tes dossiers de temps en temps, rien de plus. Il ne faut voir là qu'une aimable… incitation… de la part de la *ministre de la Magie.*

De toute évidence, HARRY *comprend ce qu'implique sa façon de souligner ces mots. Il répond par un signe de tête approbateur.*

HERMIONE

Comment va Ginny ? Comment va Albus ?

HARRY

Apparemment, je suis aussi doué pour être père que pour m'occuper de la paperasse. Et Rose, ça va ? Et Hugo ?

HERMIONE (*avec un sourire*)

Tu sais, Ron prétend que je vois plus souvent Ethel, ma secrétaire (*elle fait un signe de la main vers les coulisses*), que lui. Tu penses qu'à un moment, il a fallu choisir entre devenir le meilleur des parents ou le meilleur des fonctionnaires du ministère de la Magie ? Allez, vas-y. Va retrouver ta famille, Harry, le Poudlard Express repart pour une nouvelle année. Profite du peu de temps qui te reste à passer avec eux, après, tu reviendras l'esprit reposé et tu liras tes dossiers.

HARRY

Tu crois vraiment que tout ça pourrait signifier quelque chose ?

HERMIONE *(elle sourit à nouveau)*

C'est possible. Mais si c'est vrai, nous trouverons les moyens de nous battre, Harry. Nous l'avons toujours fait.

Continuant de sourire, elle met un caramel dans sa bouche et quitte le bureau. HARRY*, resté seul, range ses affaires dans son sac. Il sort à son tour du bureau et s'avance le long d'un couloir. On dirait qu'il porte le poids du monde sur ses épaules.*

Fatigué, il entre dans une cabine téléphonique et compose sur le cadran le numéro 62442.

LA CABINE TÉLÉPHONIQUE

Au revoir, Harry Potter.

HARRY *s'élève alors et disparaît, quittant le ministère de la Magie.*

ACTE I   SCÈNE 6

DANS LA MAISON DE HARRY
ET GINNY POTTER

ALBUS *n'arrive pas à dormir. Assis en haut de l'escalier, il écoute des voix qui montent du rez-de-chaussée. Nous entendons tout d'abord la voix de* HARRY *avant de le voir apparaître. Un vieil homme assis dans un fauteuil roulant se trouve avec lui. Il s'agit d'*AMOS DIGGORY.

HARRY

Je vous comprends très bien, Amos, c'est vrai, croyez-le, mais je viens juste de rentrer chez moi et…

AMOS

J'ai essayé d'obtenir des rendez-vous au ministère. Et on m'a répondu : « Mais bien sûr, monsieur Diggory, nous pouvons très bien vous fixer un rendez-vous, disons, dans deux mois. » Et moi j'attends. Très patiemment.

HARRY

Mais venir à mon domicile au milieu de la nuit – alors que mes enfants se préparent à une nouvelle année d'école –, ce n'est pas acceptable.

AMOS

Les deux mois passent et je reçois un hibou qui me dit : « Monsieur Diggory, je suis terriblement navré, mais M. Potter a été appelé au-dehors pour une affaire urgente, nous allons devoir changer la date. Seriez-vous libre pour un nouveau rendez-vous dans, disons... deux mois ? » Et ça recommence, toujours la même réponse répétée indéfiniment... Vous refusez systématiquement de me recevoir.

HARRY

Bien sûr que non. Mais en tant que directeur du Département de la justice magique, je suis responsable de...

AMOS

Il y a beaucoup de choses dont vous êtes responsable.

HARRY

Pardon ?

AMOS

Mon Fils, Cedric, vous vous souvenez de Cedric, n'est-ce pas ?

HARRY *(manifestement, le souvenir de Cedric le blesse)*
Oui, je me souviens de votre fils. Sa perte...

AMOS

C'était *vous* que Voldemort voulait ! Pas mon fils ! Vous me l'avez dit vous-même, vous m'avez répété les paroles qu'il a prononcées : « Tue l'autre. » L'autre. Mon fils, mon merveilleux fils, c'était l'autre, un figurant.

HARRY

Monsieur Diggory, vous savez bien que je comprends vos efforts pour que Cedric reste dans notre mémoire, mais...

AMOS

Vous pensez à un mémorial, peut-être ? Un mémorial ne m'intéresse pas – ne m'intéresse plus. Je suis un vieil homme, un vieil homme en train de mourir, et je suis venu vous demander, vous supplier, de m'aider à faire revenir mon fils.

HARRY *se redresse d'un air stupéfait.*

HARRY

Le faire revenir ? Amos, voyons, ce n'est pas possible.

AMOS

Le ministère dispose d'un Retourneur de Temps, n'est-ce pas ?

HARRY

Tous les Retourneurs de Temps ont été détruits.

AMOS

La raison pour laquelle je suis venu d'une manière si urgente, c'est que j'ai entendu une rumeur – une rumeur insistante – selon laquelle le ministère aurait saisi un Retourneur de Temps chez Theodore Nott et l'aurait gardé. Pour enquête. Laissez-moi la possibilité d'utiliser ce Retourneur de Temps. Que je puisse retrouver mon fils.

Un long silence s'installe, un silence mortel, extrêmement difficile à supporter pour HARRY. *Nous voyons alors* ALBUS *descendre furtivement l'escalier pour s'approcher et mieux entendre.*

HARRY

Amos, jouer avec le temps ? Vous savez bien que nous ne pouvons pas faire cela.

AMOS

Combien de gens sont morts pour le Survivant ? Je vous demande de sauver l'un d'entre eux.

L'expression du visage de HARRY *montre que ces paroles sont douloureuses pour lui. Il réfléchit et ses traits se durcissent.*

HARRY

Quoi qu'on ait pu vous dire, cette histoire sur Theodore Nott est une fiction, Amos. Je suis désolé.

DELPHI

Salut.

ALBUS *fait un bond lorsque* DELPHI *– une jeune femme d'une vingtaine d'années à l'air décidé – apparaît en le regardant à travers les barreaux de l'escalier.*

DELPHI

Oh, excuse-moi. Je ne voulais pas te faire peur. Moi aussi, j'étais très bonne pour écouter les autres en me cachant dans l'escalier. Assise sur les marches. En attendant que quelqu'un dise quelque chose d'un tout petit peu intéressant.

ALBUS

Tu es qui, toi ? Parce que, ici, je te signale que c'est un peu chez moi et…

DELPHI

Je suis une voleuse, bien sûr. J'ai l'intention de te prendre tout ce que tu as. Donne-moi ton or, ta baguette magique et tes Chocogrenouilles ! *(Elle a une expression féroce, puis sourit.)* Ou alors, peut-être que je suis Delphini Diggory. *(Elle monte l'escalier et tend la main.)* Delphi, en abrégé. Je m'occupe de lui – Amos –, enfin j'essaye, en tout cas. *(Elle montre* AMOS *du doigt.)* Et toi, tu es qui ?

ALBUS *(il a un sourire sombre)*

Albus.

DELPHI

Bien sûr ! Albus Potter ! Alors, Harry, c'est ton père ? Waouh. Il y a de quoi dire « waouh », non ?

ALBUS

Pas vraiment.

DELPHI

Ah ? Je n'aurais pas dû en parler ? C'est toujours ce qu'on disait de moi à l'école. Delphini n'est pas fine, chaque fois qu'il y a une gaffe à faire, elle fonce dedans.

ALBUS

Moi aussi, ils s'amusent avec mon nom.

Il y a un silence. DELPHI *l'examine attentivement.*

AMOS

Delphi.

Elle fait un geste pour s'éloigner, puis hésite. Elle sourit alors à ALBUS.

DELPHI

On ne choisit pas sa famille. Amos n'est pas un simple patient pour moi, il est aussi mon oncle, c'est en partie pour ça que j'ai pris ce travail à Flagley-le-Haut. Mais ça rend les choses difficiles. C'est dur de vivre avec des gens enfermés dans le passé, tu ne crois pas ?

AMOS

Delphi !

ALBUS

Flagley-le-Haut ?

DELPHI

La résidence St Oswald pour sorciers âgés. Viens nous voir, un jour. Si tu veux.

AMOS

DELPHI !

Elle sourit, puis descend l'escalier en trébuchant sur une marche. Elle entre dans la pièce où se trouvent AMOS *et* HARRY. ALBUS *l'observe.*

DELPHI

Oui, mon oncle ?

AMOS

Je te présente Harry Potter, qui fut autrefois un grand sorcier et qui est aujourd'hui un haut fonctionnaire du ministère au cœur sec. Je vous laisse en paix, monsieur. Si toutefois le mot « paix » est celui qui convient. Delphi, mon fauteuil…

DELPHI

Oui, mon oncle.

AMOS, *assis dans son fauteuil roulant, est poussé hors de la pièce par* DELPHI. HARRY *reste seul, l'air attristé.* ALBUS *observe la scène attentivement. Il réfléchit.*

ACTE I   SCÈNE 7

MAISON DE HARRY ET GINNY POTTER,
DANS LA CHAMBRE D'ALBUS

ALBUS *est assis sur son lit, tandis que le monde s'affaire derrière sa porte. Il reste immobile, indifférent au mouvement constant qui se poursuit de l'autre côté. La voix de* JAMES *lance un rugissement en coulisses.*

GINNY

James, s'il te plaît, ne pense plus à tes cheveux et range cette fichue chambre.

JAMES

Comment veux-tu que je n'y pense pas ? Ils sont devenus rose vif ! Il faudra que je me cache sous ma cape d'invisibilité !

JAMES apparaît dans l'encadrement de la porte. Il a les cheveux roses.

GINNY

Ce n'est pas pour cet usage que ton père t'a donné cette cape !

LILY

Quelqu'un n'aurait pas vu mon livre de potions ?

GINNY

Lily Potter, ne t'imagine pas que tu vas pouvoir porter ça pour aller à l'école demain…

LILY *surgit à son tour à la porte de la chambre d'*ALBUS. *Elle porte, fixées dans le dos, des ailes de fée qui battent comme celles d'un papillon.*

LILY

Je les adore. J'aime bien papillonner.

Elle sort tandis que HARRY *apparaît à la porte. Il regarde dans la chambre d'*ALBUS.

HARRY

Salut.

Un silence un peu gêné s'ensuit. GINNY *apparaît à son tour dans l'encadrement de la porte. Elle comprend ce qui se passe et reste là un moment.*

HARRY

Je viens simplement t'apporter un cadeau – des cadeaux – pour ta nouvelle année à Poudlard. Ron t'a envoyé ça.

ALBUS

Ah, d'accord. Une potion d'Amour. D'accord.

HARRY

Ça doit être une plaisanterie sur – je ne sais quoi. Lily a eu des Gnomes péteurs. James un peigne qui lui a fait des cheveux roses. Mais, bon… Ron, c'est Ron, tu le connais !

HARRY *pose le flacon de potion d'Amour sur le lit d'*ALBUS.

HARRY

J'ai aussi… Enfin, ça, c'est de ma part…

Il montre à son fils une petite couverture. GINNY *la regarde – elle voit que* HARRY *fait tous les efforts possibles et s'éloigne alors discrètement.*

ALBUS

Une vieille couverture ?

HARRY

J'ai longtemps réfléchi à ce que je pourrais t'offrir cette année. James… James me parle de la cape d'invisibilité depuis une éternité et Lily… Je sais qu'elle adore les ailes. Mais toi. Tu as quatorze ans, maintenant, Albus, et je voulais te faire un cadeau – qui ait un sens. C'est la dernière chose que m'a laissée ma mère. La seule chose, d'ailleurs. J'étais enveloppé dedans quand on m'a confié aux Dursley. Je croyais qu'elle avait disparu à jamais et puis… Quand Pétunia, ta grand-tante, est morte, Dudley a eu la surprise de tomber dessus, cachée parmi d'autres objets qu'elle avait gardés… Et il me l'a gentiment envoyée. Depuis… chaque fois que j'ai eu besoin d'un peu de chance, je l'ai retrouvée et je l'ai serrée contre moi… Alors, je me suis demandé…

ALBUS

Si moi aussi, j'avais envie de la serrer contre moi ? Très bien, d'accord. Espérons qu'elle me portera chance… Parce que c'est sûr que j'en ai bien besoin.

Il touche la couverture du bout des doigts.

ALBUS

Mais tu devrais la garder.

HARRY

Je pense – j'en suis même sûr – que Pétunia voulait me la laisser, c'est pour ça qu'elle l'a conservée. Maintenant, c'est moi qui veux te la donner. Je n'ai pas vraiment connu ma mère – mais je crois qu'elle aussi aurait voulu qu'elle te revienne. Et peut-être que je pourrais venir te voir, et la couverture aussi, le jour de Halloween. J'aimerais l'avoir avec moi pour l'anniversaire de leur mort… Peut-être que ce serait bien pour nous deux…

ALBUS

Écoute, je n'ai pas beaucoup de temps pour boucler mes valises et toi, tu as sûrement du travail jusqu'aux oreilles au ministère…

HARRY

Albus, je veux t'offrir cette couverture.

ALBUS

Pour en faire quoi ? Les ailes de fée, c'est très bien, papa, les capes d'invisibilité, très bien aussi, ça veut dire quelque chose – mais ça… vraiment ?

HARRY *sent son cœur se briser un peu. Il regarde son fils, s'efforçant désespérément d'établir le contact.*

HARRY

Tu as besoin d'un coup de main ? J'ai toujours aimé faire ma valise. Tu comprends, ça voulait dire que j'allais quitter Privet Drive et retourner à Poudlard. C'était… Bon, je sais que tu n'aimes pas être là-bas, mais…

ALBUS

Pour toi, c'est le plus bel endroit du monde. Je suis au courant. Le malheureux orphelin, maltraité par son oncle et sa tante Dursley…

HARRY

Albus, s'il te plaît, on ne pourrait pas simplement…

ALBUS

Traumatisé par son cousin Dudley et sauvé par Poudlard. Je sais tout ça, papa. Bla, bla, bla.

HARRY

Albus Potter, je ne mordrai pas à l'hameçon.

ALBUS

Le pauvre orphelin qui nous a tous sauvés – si je puis dire – au nom de tous les sorciers. Nous te sommes tellement reconnaissants pour ton héroïsme. Et maintenant, est-ce qu'il faut s'incliner bien bas ou une simple révérence suffira ?

HARRY

Albus, je t'en prie, tu le sais bien, je n'ai jamais demandé la moindre… gratitude.

ALBUS

Mais là, maintenant, elle me submerge. Ça doit être à cause du beau cadeau que tu me fais avec cette couverture moisie…

HARRY

Cette couverture moisie ?

ALBUS

À quoi tu t'attendais ? À ce que je t'embrasse en te serrant sur mon cœur ? À ce que je te dise que je t'ai toujours aimé ? Quoi ? Quoi ?

HARRY (*il finit par perdre patience*)

Et moi, tu veux que je te dise quelque chose ? J'en ai assez que tu me rendes responsable de tous tes malheurs. Au moins, toi, tu as un père. Moi, je n'en ai pas eu. D'accord ?

ALBUS

Et tu trouves que c'est de la malchance ? Eh bien, moi pas.

HARRY

Tu aimerais mieux que je sois mort ?

ALBUS

Non ! Simplement, j'aimerais mieux que tu ne sois pas mon père.

HARRY (*cette fois il voit rouge*)

Eh bien, moi aussi, il y a des moments où j'aimerais mieux que tu ne sois pas mon fils.

Il y a un silence. ALBUS *hoche la tête. Un temps.* HARRY *prend conscience de la portée de ses paroles.*

HARRY

Non, ce n'est pas ce que je voulais dire…

ALBUS

Si. C'est ce que tu voulais dire.

HARRY

Albus, tu es très doué pour me faire sortir de mes gonds…

ALBUS

C'est exactement ce que tu voulais dire, papa. Et sincèrement, je ne t'en veux pas.

Il y a un nouveau moment de silence, un silence horrible.

ALBUS

Ce serait peut-être bien que tu me laisses seul, maintenant.

HARRY

Albus, je t'en prie…

ALBUS *saisit la couverture et la jette. Elle tombe sur la potion d'Amour offerte par Ron et en renverse le contenu qui se répand sur elle et sur le lit en émettant un petit panache de fumée.*

ALBUS

Comme ça, ni chance ni amour pour moi.

ALBUS se précipite hors de la pièce, HARRY sur ses talons.

HARRY

Albus. Albus… s'il te plaît…

ACTE I   SCÈNE 8

UN RÊVE. NOUS SOMMES DANS UNE CABANE AU SOMMET D'UN ROCHER

On entend frapper un COUP SONORE, *aussitôt suivi d'un* GRAND FRACAS. DUDLEY DURSLEY, *la* TANTE PÉTUNIA *et l'*ONCLE VERNON, *apeurés, sont recroquevillés derrière un lit.*

DUDLEY

Maman, je n'aime pas ça.

LA TANTE PÉTUNIA

Je savais que c'était une erreur de venir ici. Vernon ! Vernon ! On ne peut se cacher nulle part. Même ici, dans cette cabane en pleine mer, ce n'est pas assez loin !

Un autre COUP SONORE *retentit.*

L'ONCLE VERNON

Du calme, du calme. Qui que ce soit, personne n'entrera ici.

LA TANTE PÉTUNIA

C'est une malédiction ! Il nous a jeté un sort ! Ce garçon nous a ensorcelés ! *(Elle se tourne vers* HARRY JEUNE.) Tout ça, c'est de ta faute ! Retourne dans ton trou.

HARRY JEUNE *tressaille et s'écarte lorsqu'il voit l'*ONCLE VERNON *brandir son fusil.*

L'ONCLE VERNON

Qui que vous soyez, je vous préviens : je suis armé.

Dans un ÉNORME CRAQUEMENT, la porte est arrachée de ses gonds et tombe par terre. HAGRID se tient sur le seuil. Il les observe tous.

HAGRID

Si vous aviez une tasse de thé, ce serait pas de refus. Le voyage a pas été facile.

DUDLEY

Non mais… regardez… ça !

L'ONCLE VERNON

N'approchez pas. N'approchez surtout pas. Pétunia, mets-toi derrière moi. Et toi aussi, Dudley. Je vais très vite chasser d'ici cette espèce de matamore.

HAGRID

Mataquoi ? *(Il saisit le canon du fusil de l'ONCLE VERNON.)* Ça fait longtemps que j'avais pas vu un de ces trucs-là. *(Il tord le canon de l'arme et en fait un nœud.)* Oh, pardon. *(Il s'intéresse soudain à tout autre chose : il vient de voir HARRY JEUNE.)* Harry Potter.

HARRY JEUNE

Bonjour.

HAGRID

La dernière fois que je t'ai vu, t'étais encore qu'un bébé. Tu ressembles beaucoup à ton père, mais t'as les yeux de ta maman.

HARRY JEUNE

Vous connaissiez mes parents ?

HAGRID

Ah, mais j'oublie d'être poli, moi. Je te souhaite un bon anniversaire, Harry. Je t'ai apporté quelque chose. J'ai dû m'asseoir un peu dessus pendant le voyage, mais ça doit être très bon quand même.

Il sort de son manteau un gâteau au chocolat légèrement aplati sur lequel est écrit avec un glaçage vert : « Joyeux anniversaire Harry ».

HARRY JEUNE

Qui êtes-vous ?

HAGRID *(il éclate de rire)*

Ah, c'est vrai, je me suis pas présenté. Rubeus Hagrid, gardien des Clés et des Lieux à Poudlard. *(Il jette un coup d'œil autour de lui.)* Et ce thé ? Remarquez, si vous avez quelque chose de plus fort, je serai pas contre.

HARRY JEUNE

Pou de quoi ?

HAGRID

Poudlard. Tu sais déjà ce qu'est Poudlard, j'imagine ?

HARRY JEUNE

Heu… non. Désolé.

HAGRID

Désolé ? C'est eux qui devraient être désolés ! Je savais que tu recevais pas les lettres, mais j'ignorais que t'avais même pas entendu parler de Poudlard ! Tu t'es donc jamais demandé où tes parents avaient appris tout ça ?

HARRY JEUNE

Tout ça quoi ?

HAGRID *se tourne alors vers l'*ONCLE VERNON *d'un air menaçant.*

HAGRID

Vous n'allez pas me dire que ce garçon – ce garçon ! – ne sait rien sur… sur RIEN ?

L'ONCLE VERNON

Je vous défends de lui dire quoi que ce soit de plus !

HARRY JEUNE

Me dire quoi ?

HAGRID *regarde l'*ONCLE VERNON, *puis* HARRY JEUNE.

HAGRID

Harry, t'es un sorcier – t'as tout changé. T'es le sorcier le plus célèbre du monde.

À cet instant, du fond de la pièce, dans un murmure qui semble enve-
lopper chacun, des mots sont prononcés d'une voix reconnaissable
entre toutes. La voix de VOLDEMORT...
Haaarry Pooottttter.

ACTE I   SCÈNE 9

MAISON DE HARRY ET GINNY POTTER,
DANS LA CHAMBRE À COUCHER

HARRY *se réveille en sursaut dans son lit. C'est la nuit. Il a la respiration haletante.*
Il attend un moment, essayant de se calmer. Il éprouve alors une douleur intense au front. À l'endroit de sa cicatrice. Autour de lui, on sent les forces du Mal en mouvement.

GINNY
Harry…

HARRY
Tout va bien. Rendors-toi.

GINNY
Lumos.

Sa baguette magique éclaire la pièce. HARRY *se tourne vers son épouse.*

GINNY
Un cauchemar ?

HARRY
Oui.

GINNY
Sur quoi ?

HARRY

Les Dursley – enfin, ça a commencé avec eux. Après, c'est devenu quelque chose d'autre.

Un temps. GINNY *l'observe avec attention, essayant de comprendre où il est.*

GINNY

Tu veux une potion de Sommeil ?

HARRY

Non, non. Ça va aller. Rendors-toi.

GINNY

Tu n'as pas l'air très bien.

HARRY *reste silencieux.*

GINNY (*voyant son agitation*)

Ça n'a pas dû être facile. Avec Amos Diggory.

HARRY

Sa colère, je peux l'affronter, le plus dur, c'est qu'il a raison. Amos a perdu son fils à cause de moi…

GINNY

Tu es un peu injuste avec toi-même…

HARRY

… et qu'est-ce que je peux dire ? Je ne peux rien dire à qui que ce soit – ou alors, bien sûr, dire ce qu'il ne faut pas.

GINNY *comprend à quoi – ou plutôt à qui – il fait allusion.*

GINNY

C'est donc ça qui te met dans un tel état ? La nuit qui précède la rentrée à Poudlard n'est jamais une bonne nuit quand on n'a pas envie d'y aller. Donner la couverture à Al, c'était une bonne idée.

HARRY

À partir de là, tout est allé très mal. Ginny, j'ai eu certains mots…

GINNY

J'ai entendu.

HARRY

Et tu acceptes toujours de me parler ?

GINNY

Parce que je sais que, quand le moment sera venu, tu t'excuseras. En disant que ce n'était pas ce que tu pensais. Que tes paroles cachaient… d'autres choses. Tu peux être sincère avec lui, Harry… C'est surtout de ça qu'il a besoin.

HARRY

J'aimerais seulement qu'il ressemble davantage à James ou à Lily.

GINNY *(sèchement)*

Peut-être qu'il vaut mieux ne pas être sincère à ce point.

HARRY

Non, je ne voudrais surtout pas qu'il change… Mais eux, je les comprends et…

GINNY

Albus est différent et c'est plutôt une bonne chose, non ? Tu sais, il voit très bien quand tu fais ton Harry Potter. Ce qu'il veut, c'est voir qui tu es réellement.

HARRY

« La vérité est toujours belle et terrible, c'est pourquoi il faut l'aborder avec beaucoup de précautions. »

GINNY *lui lance un regard surpris.*

HARRY

Dumbledore.

GINNY

Drôle de chose à dire à un enfant.

HARRY

Pas quand on croit que cet enfant devra mourir pour sauver le monde.

La respiration de HARRY *devient de nouveau précipitée et il déploie tous les efforts possibles pour ne pas porter la main à son front.*

GINNY

Harry, qu'est-ce qui ne va pas ?

HARRY

Tout va bien. Très bien. J'écoute ce que tu me dis. J'essaye d'être…

GINNY

Ta cicatrice te fait mal ?

HARRY

Non, non, tout va bien. Maintenant, un *Nox* pour éteindre ta baguette et on se rendort.

GINNY

Harry. Depuis combien de temps ta cicatrice ne t'avait plus fait mal ?

HARRY *se tourne vers* GINNY. *L'expression de son visage est éloquente.*

HARRY

Vingt-deux ans.

ACTE I   SCÈNE 10

À BORD DU POUDLARD EXPRESS

ALBUS *avance d'un pas rapide le long du train.*

ROSE
   Albus, je te cherchais…

ALBUS
   Moi ? Pourquoi ?

   ROSE *ne sait pas très bien comment formuler ce qu'elle a à dire.*

ROSE
   Albus, c'est le début de la quatrième année et donc une année
   nouvelle pour nous. Alors, je voudrais qu'on redevienne amis.

ALBUS
   On n'a jamais été amis.

ROSE
   Ça, c'est dur ! Quand j'avais six ans, tu étais mon meilleur ami !

ALBUS
   C'était il y a longtemps.

   *Il s'apprête à poursuivre son chemin, mais elle l'attire dans un com-
   partiment vide.*

ROSE

Tu as entendu les rumeurs ? Importante opération coup de poing du ministère, il y a quelques jours. Apparemment, ton père a été d'un courage incroyable.

ALBUS

Comment ça se fait que tu sois toujours au courant de ces choses-là et moi pas ?

ROSE

Apparemment, le sorcier qui a été arrêté – Theodore Nott, je crois –, il possédait des tas d'objets interdits par toutes sortes de lois, y compris – et là, ils ont complètement paniqué – un Retourneur de Temps illégal. Et très perfectionné, en plus.

ALBUS *observe* ROSE *et tout devient clair pour lui.*

ALBUS

Un Retourneur de Temps ? Mon père a trouvé un Retourneur de Temps ?

ROSE

Chut… Oui. Génial, non ?

ALBUS

Tu es sûre ?

ROSE

Absolument.

ALBUS

Bon, maintenant, il faut que je retrouve Scorpius.

Il repart dans le couloir du train. ROSE *le suit, déterminée à dire ce qu'elle a en tête.*

ROSE

Albus !

ALBUS *se retourne vers elle, l'air décidé.*

ALBUS

Qui est-ce qui t'a demandé de me parler ?

ROSE (*prise au dépourvu*)

Bon, d'accord, peut-être que ta mère a envoyé un hibou à mon père, mais c'est simplement parce qu'elle s'inquiète pour toi. Et je crois que…

ALBUS

Fiche-moi la paix.

SCORPIUS *est assis dans son compartiment habituel.* ALBUS *y entre le premier,* ROSE *toujours sur ses talons.*

SCORPIUS

Albus ! Ah, salut, Rose. Qu'est-ce que tu sens ?

ROSE

Qu'est-ce que je *sens* ?

SCORPIUS

Non, mais c'est une bonne odeur, hein ? Tu sens comme un mélange de fleurs et de… pain frais.

ROSE

Albus, je suis là, OK ? Si jamais tu as besoin de moi.

SCORPIUS

Je veux dire du bon pain, du pain bien frais, du pain… Qu'est-ce qu'il y a de mal dans le pain ?

ROSE *s'éloigne en hochant la tête d'un air consterné.*

ROSE

Qu'est-ce qu'il y a de mal dans le pain ?

ALBUS

Je te cherchais partout…

SCORPIUS

Et tu m'as trouvé. Bravo ! Mais je n'essayais pas de me cacher. Tu sais bien que j'aime mieux monter dans le train le plus vite possible. Ça m'évite les regards. Et les cris. Et les inscriptions « Le fils de Voldemort » sur ma valise. Ça, ils ne s'en lassent pas. Elle ne m'aime vraiment pas, hein ?

ALBUS *serre son ami contre lui. Avec ardeur. Leur étreinte dure un moment.* SCORPIUS *est visiblement étonné.*

SCORPIUS

D'accord, salut. Est-ce qu'on a déjà fait ça ? De se prendre dans les bras ?

Un peu gênés, les deux garçons se détachent l'un de l'autre.

ALBUS

Les dernières vingt-quatre heures ont été un peu bizarres pour moi.

SCORPIUS

Qu'est-ce qui s'est passé ?

ALBUS

Je te raconterai plus tard. Il faut qu'on sorte de ce train.

Des coups de sifflet retentissent. Le train s'ébranle.

SCORPIUS

Trop tard. Il vient de partir. Poudlard en vue !

ALBUS

Alors, il faudra sortir d'un train en marche.

LA SORCIÈRE AUX BONBONS

Vous voulez quelque chose, mes chéris ?

ALBUS *ouvre la fenêtre du compartiment et commence à monter sur le rebord.*

SCORPIUS

Et d'un train *magique* en marche.

LA SORCIÈRE AUX BONBONS

Patacitrouilles ? Fondants du Chaudron ?

SCORPIUS

Albus Severus Potter, j'aimerais bien que tu n'aies pas ce drôle de regard…

ALBUS

Première question : qu'est-ce que tu sais du Tournoi des Trois Sorciers ?

SCORPIUS (*très content*)

Ah bon, c'est un quiz ! Trois écoles choisissent trois champions qui doivent accomplir trois tâches et le meilleur remporte la coupe. Qu'est-ce que ça vient faire ici ?

ALBUS

On t'a déjà dit que tu étais une horrible grosse tête ?

SCORPIUS

Ben, ouais.

ALBUS

Deuxième question : pourquoi depuis plus de vingt ans, on n'a plus organisé de Tournoi des Trois Sorciers ?

SCORPIUS

La dernière fois, il y avait parmi les concurrents – ton père – et un type qui s'appelait Cedric Diggory. Ils avaient décidé de gagner tous les deux ensemble, mais la coupe était un Portoloin – et ils se sont retrouvés devant Voldemort. Cedric a été tué. Tout de suite après, la compétition a été annulée.

ALBUS

Très bien. Troisième question : est-ce qu'il fallait vraiment que Cedric soit tué ? La réponse est facile : non. Voldemort a dit « tuez l'autre ». « L'autre. » Il est mort simplement parce qu'il était avec mon père et que mon père ne pouvait pas le sauver – mais nous, nous pouvons. Une faute a été commise et on va la réparer. En se servant d'un Retourneur de Temps. On ramènera Cedric à la vie.

SCORPIUS

Albus, pour des raisons évidentes, je ne suis pas un immense fan des Retourneurs de Temps...

ALBUS

Quand Amos Diggory a demandé le Retourneur de Temps, mon père a été jusqu'à lui dire qu'il n'en existait plus. Il a menti à un vieil homme qui voulait seulement retrouver son fils – un homme qui aimait son fils. Il a menti parce qu'il s'en fichait – il s'en fiche, tout simplement. On parle toujours des actes de bravoure de mon père. Mais il a fait des erreurs aussi. Et même de grosses erreurs. Je veux réparer une de ces erreurs. Je veux qu'on sauve Cedric.

SCORPIUS

D'accord, je vois qu'un circuit a grillé dans ton cerveau.

ALBUS

Je veux absolument y arriver, Scorpius. J'ai besoin de faire ça. Et tu sais aussi bien que moi que je cours au désastre si on n'est pas ensemble. Alors, viens, on y va.

Il a un grand sourire et disparaît en poursuivant son escalade sur le rebord de la fenêtre. SCORPIUS *hésite un moment. Il fait une grimace. Puis il se hisse à son tour par la fenêtre et va rejoindre* ALBUS.

———

ACTE I   SCÈNE 11

LE POUDLARD EXPRESS, SUR LE TOIT

Le vent siffle de toutes parts et c'est un vent violent, féroce.

SCORPIUS

Bon, maintenant, on est sur le toit d'un train. Ça va vite, ça fait peur et c'était génial de le faire. Je crois que j'ai beaucoup appris sur moi-même et un peu sur toi, mais…

ALBUS

D'après mes calculs, on arrivera bientôt sur un viaduc qui se trouve tout près de la résidence St Oswald pour sorciers âgés…

SCORPIUS

La quoi ? Où ça ? Écoute, je suis aussi ravi que toi d'être enfin devenu un rebelle pour la première fois de ma vie… Ouais ! Un train en marche… Très amusant… Mais maintenant… Oh…

SCORPIUS *voit alors quelque chose qui semble ne pas lui plaire du tout.*

ALBUS

Si notre sortilège de Coussinage ne marche pas, l'eau nous sera extrêmement utile pour le remplacer.

SCORPIUS

Albus, la sorcière aux bonbons.

ALBUS

Tu veux emporter quelque chose à manger pour le voyage ?

SCORPIUS

Non, Albus. Je veux dire que la sorcière aux bonbons vient vers nous.

ALBUS

Impossible, on est sur le toit du train…

SCORPIUS *montre du doigt la bonne direction et* ALBUS *voit alors la* SORCIÈRE AUX BONBONS *s'approcher d'un pas nonchalant en poussant son chariot.*

LA SORCIÈRE AUX BONBONS

Vous voulez quelque chose, les enfants ? Patacitrouilles ? Choco-grenouilles ? Fondants du Chaudron ?

ALBUS

Oh !

LA SORCIÈRE AUX BONBONS

Les gens ne savent pas grand-chose à mon sujet. Ils achètent mes Fondants du Chaudron, mais ils ne font pas vraiment attention à moi. Je ne me souviens plus quand on m'a demandé mon nom pour la dernière fois.

ALBUS

C'est quoi, votre nom ?

LA SORCIÈRE AUX BONBONS

Je l'ai oublié moi-même. Tout ce que je peux vous dire, c'est que quand le Poudlard Express a été mis en service pour la première fois, c'est Ottaline Gambol en personne qui m'a proposé ce travail…

SCORPIUS

C'était… il y a cent quatre-vingt-dix ans. Vous faites ce travail depuis cent quatre-vingt-dix ans ?

LA SORCIÈRE AUX BONBONS

Ces mains que vous voyez ont fabriqué plus de six millions de Patacitrouilles. Je les réussis bien, maintenant. Mais ce que les gens n'ont pas remarqué, à propos de mes Patacitrouilles, c'est avec quelle facilité elles peuvent se transformer en quelque chose d'autre…

Elle prend une Patacitrouille et la lance comme une grenade. Qui explose.

LA SORCIÈRE AUX BONBONS

Et vous ne croirez pas ce que j'arrive à faire avec mes Choco-grenouilles. Jamais. Jamais je n'ai laissé qui que ce soit sortir de ce train avant qu'il n'ait atteint sa destination. Certains ont essayé. Sirius Black et ses acolytes. Fred et George Weasley. ILS ONT TOUS ÉCHOUÉ. PARCE QUE CE TRAIN… N'AIME PAS DU TOUT QU'ON EN SORTE EN MARCHE…

Les mains de la SORCIÈRE AUX BONBONS *se transforment en pointes acérées. Elle sourit.*

LA SORCIÈRE AUX BONBONS

Soyez donc assez aimables pour reprendre vos places jusqu'à la fin du voyage.

ALBUS

Tu avais raison, Scorpius. Ce train est magique.

SCORPIUS

En cet instant précis, je n'éprouve aucune satisfaction à avoir raison.

ALBUS

Mais moi aussi, j'avais raison. Au sujet du viaduc. Il y a de l'eau, là-dessous, c'est le moment d'essayer le sortilège de Coussinage.

SCORPIUS

Albus, c'est une mauvaise idée.

ALBUS

Vraiment ? (*Il a un moment d'hésitation, puis se rend compte qu'il n'a plus le temps d'hésiter.*) Trop tard, maintenant. Trois. Deux. Un. *Molliare !*

Il prononce la formule magique en sautant du train.

SCORPIUS

Albus… Albus…

D'un regard fébrile, il cherche son ami des yeux. Puis il relève la tête vers la SORCIÈRE AUX BONBONS *qui s'approche de lui, les cheveux en bataille, les pointes au bout de ses doigts particulièrement… pointues.*

SCORPIUS

On doit sûrement bien s'amuser avec vous, mais il faut que je suive mon copain.

*Il se pince le nez et saute à la suite d'*ALBUS *en prononçant lui aussi la formule magique.*

SCORPIUS

Molliare !

ACTE I   SCÈNE 12

MINISTÈRE DE LA MAGIE,
DANS LA GRANDE SALLE DE RÉUNION

La scène est envahie de sorciers et de sorcières. Ils bavardent et palabrent comme seuls savent le faire d'authentiques sorciers et sorcières. Dans cette foule, on reconnaît GINNY, DRAGO *et* RON. *Au-dessus d'eux, sur une estrade, se tiennent* HERMIONE *et* HARRY.

HERMIONE

Silence. Silence, s'il vous plaît. Est-ce qu'il faut lancer un sort pour avoir un peu de silence? (*D'un mouvement de sa baguette magique, elle obtient que la foule se taise.*) Parfait. Bienvenue à cette assemblée générale extraordinaire. Je suis enchantée que nombre d'entre vous aient pu y assister. Le monde des sorciers a vécu en paix pendant de nombreuses années. Il y a maintenant vingt-deux ans que nous avons vaincu Voldemort à la bataille de Poudlard et j'ai grand plaisir à affirmer que toute une nouvelle génération a pu grandir sans connaître le moindre conflit. Jusqu'à présent, en tout cas. Harry?

HARRY

Depuis quelques mois, maintenant, les alliés de Voldemort ont manifesté une certaine activité. Nous avons suivi des trolls qui voyageaient d'un bout à l'autre de l'Europe, des géants qui se sont mis à traverser les mers; quant aux loups-garous, je suis navré d'avoir à annoncer que nous avons perdu leur trace il y a quelques semaines. Nous ne savons pas où ils ont l'intention d'aller, ni qui les encourage à voyager – mais nous savons qu'ils bougent – et nous nous inquiétons de ce que cela pourrait signifier. C'est pourquoi nous vous posons la question : est-ce que quelqu'un a vu quelque chose ? Senti quelque chose ? Que ceux qui veulent intervenir lèvent leur baguette et nous les écouterons. Professeur McGonagall, merci.

LE PROFESSEUR McGONAGALL

Lorsque nous sommes rentrés des vacances d'été, il nous est apparu que les réserves de potions avaient été visitées, mais il ne manquait pas beaucoup d'ingrédients, un peu de peau de serpent d'arbre du Cap et des chrysopes, rien en tout cas qui figure dans le registre des substances surveillées. Nous avons donc pensé que c'était Peeves.

HERMIONE

Merci, professeur. Nous mènerons une enquête. (*Elle regarde tout autour de la pièce.*) Personne d'autre ? Bien, mais il y a plus grave, car cela ne s'était pas produit depuis le temps de Voldemort – la cicatrice de Harry a recommencé à lui faire mal.

DRAGO

Voldemort est mort, Voldemort n'est plus là.

HERMIONE

Oui, Drago, il est mort mais toutes ces choses que nous constatons nous amènent à penser que Voldemort – ou une trace de Voldemort – est peut-être de retour.

Ces paroles provoquent une réaction dans la salle.

HARRY

Ce que je vais vous demander est délicat, mais je dois poser la question pour écarter cette hypothèse. Ceux d'entre vous qui portent la Marque des Ténèbres ont-ils senti quelque chose ? Ne serait-ce qu'un pincement ?

DRAGO

Alors, Potter, on recommence à avoir des préjugés contre ceux qui ont la Marque des Ténèbres ?

HERMIONE

Non, Drago. Harry essaye simplement de…

DRAGO

Vous avez compris ce qu'il y a derrière tout ça ? Harry veut revoir sa photo dans les journaux. Chaque année, au moins une fois par an, *La Gazette du sorcier* annonce des rumeurs sur le retour de Voldemort.

HARRY

Aucune de ces rumeurs ne vient de moi !

DRAGO

Vraiment ? Ce n'est pas ton épouse qui est rédactrice en chef de *La Gazette du sorcier* ?

GINNY, *scandalisée, s'avance vers lui.*

GINNY

À la rubrique des sports !

HERMIONE

Drago. Harry a attiré l'attention du ministère sur ce sujet et… comme je suis ministre de la Magie…

DRAGO

Une élection que tu as remportée uniquement parce que tu es amie avec lui.

GINNY *retient* RON *qui s'est précipité sur* DRAGO.

RON

Tu veux mon poing sur la figure ?

DRAGO

Il faut voir les choses en face. Sa célébrité vous influence tous. Et quel meilleur moyen de remettre en avant le nom de Potter que de refaire le coup du *(il imite* HARRY*)* : « ma cicatrice me fait mal, ma cicatrice me fait mal ». Vous savez ce que tout cela signifie ? Que les marchands de potins ont trouvé une nouvelle occasion de calomnier mon fils avec ces ragots ridicules sur son ascendance.

HARRY

Drago, personne n'a jamais dit que cela pouvait avoir un quelconque rapport avec Scorpius.

DRAGO

Eh bien, moi, quoi qu'il en soit, je pense que cette réunion est une comédie. Et je préfère m'en aller.

Il sort de la salle. D'autres se dispersent dans son sillage.

HERMIONE

Non, ce n'est pas la bonne méthode… Revenez, tous. Nous devons mettre au point une stratégie.

ACTE I SCÈNE 13

DANS LA RÉSIDENCE ST OSWALD
POUR SORCIERS ÂGÉS

Nous sommes en plein chaos. En pleine magie. C'est la résidence St Oswald pour sorciers âgés et on ne pourrait espérer endroit plus merveilleux.

Les déambulateurs prennent vie par magie, des pelotes de laine ensorcelées participent au désordre et les infirmiers ne peuvent s'empêcher de danser le tango.

Les pensionnaires de la résidence sont délivrés du fardeau d'avoir à pratiquer la magie par obligation. Sorcières et sorciers peuvent ainsi lancer des sortilèges simplement pour s'amuser. Et il est manifeste qu'ils s'amusent beaucoup !

ALBUS *et* SCORPIUS *font leur entrée. Ils jettent un regard autour d'eux et ce qu'ils voient les amuse également, mais soyons francs : ils ont aussi un peu peur.*

ALBUS *et* SCORPIUS
    Heu… Pardon… Excusez-moi… EXCUSEZ-MOI !

SCORPIUS
    Bon, d'accord, cet endroit est complètement dingue.

ALBUS
    Nous cherchons Amos Diggory.

Un brusque silence s'installe. Tout le monde s'immobilise aussitôt.
La mine légèrement déprimée.

UNE FEMME AVEC UN TRICOT

Et qu'est-ce que vous lui voulez à ce sinistre vieux gâteux, jeunes
gens ?

DELPHI *apparaît alors, très souriante.*

DELPHI

Albus ? Albus, tu es venu ? C'est fantastique ! Venez dire bonjour
à Amos !

ACTE I SCÈNE 14

RÉSIDENCE ST OSWALD, DANS LA CHAMBRE D'AMOS

AMOS *regarde tour à tour* SCORPIUS *et* ALBUS. *Il a l'air irrité.* DELPHI *les observe tous les trois.*

AMOS

Alors, résumons-nous. Tu as surpris et écouté une conversation – une conversation à caractère privé – et tu décides, sans qu'on te demande rien – sans aucune permission –, de t'en mêler, et d'intervenir directement dans une affaire qui ne te regarde pas.

ALBUS

Mon père vous a menti. Je le sais. Ils ont vraiment un Retourneur de Temps.

AMOS

Bien sûr qu'ils en ont un. Va-t'en d'ici, maintenant.

ALBUS

Quoi ? Ah non, on est venus vous aider.

AMOS

M'aider ? À quoi pourraient bien m'être utiles deux petits adolescents dans votre genre ?

ALBUS

Mon père a prouvé qu'on n'a pas besoin d'être adulte pour changer quelque chose dans le monde des sorciers.

AMOS

Alors, tu crois que je devrais t'autoriser à mettre le nez dans mes affaires simplement parce que tu es un Potter ? Il te suffit de porter un nom célèbre, c'est ça ?

ALBUS

Non !

AMOS

Un Potter qui est un Serpentard – oui, j'ai appris des choses sur toi – et un Potter qui, en plus, amène un Malefoy pour venir me voir. Un Malefoy qui pourrait bien être un Voldemort. Qu'est-ce qui me garantit que tu n'es pas du côté des forces du Mal ?

ALBUS

Mais…

AMOS

Ton information ne m'a rien appris, mais la confirmation m'est utile. Ton père a menti. Et maintenant, allez-vous-en. Tous les deux. Et cessez de me faire perdre mon temps.

ALBUS (*avec force et puissance*)

Non, il faut que vous m'écoutiez. Vous l'avez dit vous-même, mon père a tellement de sang sur les mains. Laissez-moi vous aider à changer ça. Laissez-moi vous aider à corriger une de ses erreurs. Faites-moi confiance.

AMOS (*il élève la voix*)

Tu m'as entendu, jeune homme ? Je ne vois aucune raison de te faire confiance. Alors, va-t'en. Tout de suite. Avant que je te fasse partir *moi-même*.

Il brandit sa baguette d'un geste menaçant. ALBUS *regarde la baguette magique – il est déconfit –,* AMOS *l'a anéanti.*

SCORPIUS

Allez, viens, Albus. S'il y a une chose pour laquelle nous sommes très doués, c'est comprendre quand on ne veut pas de nous.

ALBUS *se montre réticent, il ne veut pas partir.* SCORPIUS *doit le tirer par le bras.* ALBUS *finit par céder et tous deux s'éloignent.*

DELPHI

Je vois au moins une raison pour laquelle vous pourriez leur faire confiance, mon oncle.

ALBUS *et* SCORPIUS *s'arrêtent aussitôt.*

DELPHI

Ce sont les seuls à proposer leur aide. Ils sont prêts à prendre courageusement des risques pour ramener votre fils auprès de vous. Je suis même sûre qu'ils prennent déjà des risques rien qu'en venant ici...

AMOS

C'est de Cedric que nous parlons...

DELPHI

Mais... n'avez-vous pas dit vous-même qu'avoir quelqu'un à l'intérieur de Poudlard serait un avantage *considérable* ?

DELPHI *embrasse* AMOS *au sommet du crâne.* AMOS *regarde* DELPHI, *puis se tourne vers les deux garçons.*

AMOS

Pourquoi ? Pourquoi voulez-vous courir un tel danger ? Qu'est-ce que ça peut vous rapporter ?

ALBUS

Je vous le répète : je sais ce que c'est que d'être « l'autre ». Votre fils ne méritait pas la mort et nous pouvons vous aider à le ramener.

AMOS *(montrant enfin de l'émotion)*

Mon fils... mon fils était ce qu'il y avait de plus beau dans ma vie. Tu as raison, il a été victime d'une injustice – une grossière injustice. Si tu parles sérieusement...

ALBUS

Nous sommes tout ce qu'il y a de plus sérieux.

AMOS

Ce sera périlleux.

ALBUS

On le sait.

SCORPIUS
   On le sait vraiment ?

AMOS
   Delphi – peut-être que si tu étais disposée à les accompagner ?

DELPHI
   Si cela peut vous rendre heureux, mon oncle.

   Elle sourit à ALBUS. *Il lui rend son sourire.*

AMOS
   Vous êtes conscients que vous risquez votre vie simplement en essayant de vous emparer du Retourneur de Temps ?

ALBUS
   Nous sommes prêts à risquer notre vie.

SCORPIUS
   On est vraiment prêts à ça ?

AMOS (*d'un ton grave*)
   J'espère que vous en êtes capables.

ACTE I   SCÈNE 15

MAISON DE HARRY ET GINNY POTTER, DANS LA CUISINE

HARRY, RON, HERMIONE *et* GINNY *sont assis autour de la table et partagent un repas.*

HERMIONE

Je n'ai pas arrêté de répéter à Drago que personne au ministère n'a jamais dit quoi que ce soit au sujet de Scorpius. Les rumeurs ne viennent pas de chez nous.

GINNY

Je lui ai écrit – après la mort d'Astoria – pour demander si on pouvait faire quelque chose pour lui. Je pensais que, peut-être, puisqu'il est le meilleur ami d'Albus, Scorpius pourrait venir chez nous pendant une partie des vacances de Noël ou bien… Mais mon hibou est revenu avec une lettre qui ne contenait qu'une seule phrase : « Dis à ton mari de démentir une bonne fois pour toutes les allégations qui circulent à propos de mon fils. »

HERMIONE

C'est une obsession.

GINNY

Il est terriblement malheureux. Rongé par la souffrance.

RON

Je suis navré qu'il ait perdu sa femme, mais quand il accuse

Hermione de… Enfin quoi… *(il regarde* HARRY*)* par le caleçon de Merlin, elle le sait, je lui répète ça tout le temps, ce n'est peut-être rien du tout.

HERMIONE

Elle ?

RON

Les trolls vont peut-être faire la fête quelque part, les géants sont peut-être invités à un mariage, et toi, Harry, tu as peut-être des cauchemars parce que tu t'inquiètes pour Albus. Et il est possible que ta cicatrice te fasse mal parce que tu commences à prendre de l'âge.

HARRY

À prendre de l'âge ? Merci, mon vieux.

RON

Je ne te le cache pas, chaque fois que je m'assieds, je dis « ouh, là, là ». Eh oui, « ouh, là, là » ! Et mes pieds… si tu savais ce que j'ai mal aux pieds… Je pourrais écrire une chanson sur mon mal de pieds… Peut-être que c'est pareil pour ta cicatrice.

GINNY

Tu racontes n'importe quoi.

RON

Je considère que c'est ma spécialité. Ça et ma collection de Boîtes à Flemme. Et aussi le fait que je vous adore, tous autant que vous êtes. Même Ginny la planche à pain de mie.

GINNY

Si tu continues à faire l'idiot, Ronald Weasley, je le dirai à maman.

RON

Non, tu ne ferais pas ça.

HERMIONE

Si une partie de Voldemort, sous quelque forme que ce soit, a pu survivre, nous devons nous tenir prêts. Et j'ai peur.

GINNY

Moi aussi, j'ai peur.

RON

Moi, rien ne me fait peur. À part maman.

HERMIONE

Je suis décidée, Harry. Dans cette histoire, je ne jouerai pas les Cornelius Fudge. Je ne me cacherai pas la tête dans le sable. Et peu importe si ça me rend très antipathique aux yeux de Drago Malefoy.

RON

On ne peut pas dire que tu aies jamais cherché à soigner ta popularité, pas vrai ?

HERMIONE *fusille* RON *du regard en essayant de lui donner un coup dans les côtes, mais* RON *parvient à esquiver.*

RON

Raté.

GINNY, *en revanche, donne un coup à* RON *qui fait la grimace.*

RON

Touché. Et là, c'était du sérieux.

Tout à coup, un hibou s'engouffre dans la cuisine. Il fonce en piqué et laisse tomber une lettre dans l'assiette de HARRY.

HERMIONE

Un peu tard pour envoyer un hibou, non ?

HARRY, *surpris, ouvre la lettre.*

HARRY

Ça vient du professeur McGonagall.

GINNY

Qu'est-ce qu'elle dit ?

Les traits de HARRY *s'affaissent.*

HARRY

Ginny, c'est au sujet d'Albus. Albus et Scorpius. Ils ne sont jamais arrivés à l'école. Ils sont portés absents !

ACTE I   SCÈNE 16

LONDRES, QUARTIER DES MINISTÈRES, DANS UNE CAVE SITUÉE SOUS WHITEHALL

SCORPIUS *examine un flacon.*

SCORPIUS

Alors, il suffit d'avaler ça ?

ALBUS

Scorpius, il faut vraiment que je t'explique, à toi, le puits de science et l'expert en potions, ce qu'est le Polynectar ? Grâce au magnifique travail de préparation qu'a fait Delphi, on va pouvoir se transformer en buvant cette potion et, déguisés comme ça, on nous laissera entrer au ministère de la Magie.

SCORPIUS

OK. Encore deux points à préciser. Le premier : est-ce que ça fait mal ?

DELPHI

Très mal. D'après ce que j'ai compris.

SCORPIUS

Merci. C'est bon à savoir. Deuxième point : est-ce que l'un de vous sait quel goût a le Polynectar ? Parce que moi, j'ai entendu dire que c'est comme du poisson et si ça a le goût de poisson, je vais tout de suite le vomir. Le poisson, je ne supporte pas. Jamais supporté. Supporterai jamais.

DELPHI

Tu peux considérer qu'on est prévenus. *(Elle avale la potion.)* Ça n'a pas le goût de poisson. *(Elle commence à se transformer. C'est un processus douloureux.)* En fait, c'est plutôt bon. Miam. Ça fait mal, mais… *(Elle laisse échapper un rot sonore.)* Si, finalement… Il y a un très léger… *(Un nouveau rot et elle se transforme en* HERMIONE.*)* Très léger arrière-goût de poisson, mais quand même assez présent.

ALBUS

Alors, là, c'est… Oh ! Waouh !

SCORPIUS

Double waouh !

DELPHI/HERMIONE

Ça n'exprime pas vraiment ce que je… J'ai même la voix d'Hermione ! Triple waouh !

ALBUS

Très bien. À moi, maintenant.

SCORPIUS

Ah non, pas question, Léon. Si on doit faire ça, on le fait *(il met une paire de lunettes familières et sourit)* ensemble.

ALBUS

Trois. Deux. Un.

Ils avalent la potion.

ALBUS

C'est plutôt bon. *(Il est ravagé par la douleur.)* Non, ça devient moins bon.

Tous deux se transforment et cela les fait terriblement souffrir.
ALBUS *se transforme en* RON *et* SCORPIUS *en* HARRY.
Ils se regardent. Il y a un silence.

ALBUS/RON

Ça va nous faire un peu bizarre, non ?

SCORPIUS/HARRY *(d'un ton très théâtral – la situation l'amuse beaucoup)*
Va dans ta chambre. File immédiatement dans ta chambre. Tu es un très mauvais fils, vraiment abominable.

ALBUS/RON (*il éclate de rire*)

Scorpius…

SCORPIUS/HARRY (*ramenant sa cape sur son épaule*)

C'était ton idée… que je sois lui et que tu sois Ron ! Je voulais simplement rigoler un peu avant de… (*Il ne peut retenir un rot sonore.*) Bon, OK, c'est vraiment horrible.

ALBUS/RON

Vous savez, il arrive très bien à le cacher, mais mon oncle Ron commence à prendre un peu de bedaine.

DELPHI/HERMIONE

On devrait peut-être y aller, vous ne croyez pas ?

Ils remontent dans la rue et entrent dans une cabine téléphonique. Ils composent alors sur le cadran le numéro 62442.

LA CABINE TÉLÉPHONIQUE

Bienvenue, Harry Potter. Bienvenue, Hermione Granger. Bienvenue, Ron Weasley.

Ils ont un grand sourire et disparaissent tous les trois en s'enfonçant dans le sol de la cabine téléphonique.

ACTE I   SCÈNE 17

MINISTÈRE DE LA MAGIE, DANS UNE SALLE DE RÉUNION

HARRY, HERMIONE, GINNY *et* DRAGO *font les cent pas dans une petite pièce.*

DRAGO

Est-ce qu'on a bien tout exploré le long des voies ?

HARRY

Mes équipes d'intervention ont déjà cherché une fois et cherchent une deuxième fois.

DRAGO

Et la sorcière aux bonbons n'a rien d'utile à nous dire ?

HERMIONE

Elle est furieuse. Elle n'arrête pas de répéter qu'elle a trahi la confiance d'Ottaline Gambol. Sa fierté, c'était d'avoir toujours amené les élèves à Poudlard sans aucun incident.

GINNY

Est-ce que des Moldus ont été témoins d'actes de magie ?

HERMIONE

Non, pas jusqu'à présent. J'ai informé le Premier ministre moldu qui a ouvert ce qu'on appelle un dossier persdis. Ça ressemble à une formule magique, mais en fait ça veut dire « personne disparue ».

DRAGO

Alors, maintenant, il faut compter sur les Moldus pour retrouver nos enfants ? Vous leur avez parlé de la cicatrice de Harry, aussi ?

HERMIONE

Nous demandons seulement aux Moldus de nous aider. Et personne ne sait ce que la cicatrice de Harry vient faire là-dedans, mais c'est certainement quelque chose qu'il faut prendre au sérieux. Actuellement, nos Aurors enquêtent sur tous ceux qui ont eu un lien avec les forces du Mal…

DRAGO

Ça n'a rien à voir avec les Mangemorts…

HERMIONE

Je ne suis pas certaine de partager cette confiance…

DRAGO

Ce n'est pas une question de confiance, mais de raison. Le genre de crétins qui s'intéressent aux forces du Mal aujourd'hui n'oseraient pas s'attaquer à mon fils. C'est un Malefoy.

HARRY

À moins que quelque chose de nouveau se prépare, quelque chose qui…

GINNY

Je suis d'accord avec Drago. S'il s'agit d'un kidnapping, s'en prendre à Albus, je le comprendrais, mais les enlever tous les deux…

HARRY et GINNY *se fixent du regard. On sent très bien ce qu'elle voudrait lui faire dire.*

DRAGO

Scorpius a plutôt tendance à suivre qu'à prendre l'initiative malgré tout ce que j'ai essayé de lui inculquer. Il ne fait donc aucun doute que c'est Albus qui l'a fait sortir de ce train et je pose la question : où voulait-il l'emmener ?

GINNY

Harry, ils se sont enfuis, tu le sais aussi bien que moi.

DRAGO *remarque que* HARRY *et* GINNY *continuent de se regarder fixement.*

DRAGO
Vraiment ? Vous le savez ? Qu'est-ce que vous nous cachez ?

Il y a un silence.

DRAGO
Quelle que soit l'information que vous essayez de dissimuler, je vous conseille de la révéler tout de suite.

HARRY
Albus et moi, nous nous sommes disputés avant-hier.

DRAGO
Et…

HARRY *hésite un instant, puis, courageusement, il regarde* DRAGO *dans les yeux.*

HARRY
Et je lui ai dit qu'il y a des moments où j'aimerais mieux qu'il ne soit pas mon fils.

Un nouveau silence s'installe. Un silence profond, puissant. D'un air menaçant, DRAGO *fait alors un pas vers* HARRY.

DRAGO
Si jamais il arrive quoi que ce soit à Scorpius…

GINNY *s'interpose entre* DRAGO *et* HARRY.

GINNY
Pas de menaces, Drago, je t'en prie, pas ça.

DRAGO (*dans un rugissement*)
Mon fils a disparu !

GINNY (*elle se met à rugir à son tour*)
Le mien aussi !

DRAGO *croise son regard. On sent peser dans toute la pièce une intense émotion.*

DRAGO *(les lèvres retroussées, le portrait craché de son père)*
Si vous avez besoin d'or… Tout ce que possèdent les Malefoy… Scorpius est mon unique… ma seule famille.

HERMIONE
Merci, Drago, mais le ministère dispose d'une grande réserve d'or.

DRAGO *s'apprête à partir. Puis il s'immobilise et se tourne vers* HARRY.

DRAGO
Je me moque de savoir ce que tu as fait ou qui tu as sauvé, la vérité, c'est que tu as toujours été une malédiction pour ma famille, Harry Potter.

ACTE I   SCÈNE 18

MINISTÈRE DE LA MAGIE, DANS UN COULOIR

SCORPIUS/HARRY

Et tu es sûr que c'est là-dedans ?

Un GARDIEN *les croise.* SCORPIUS/HARRY *et* DELPHI/HERMIONE *font semblant d'être très occupés.*

Oui, madame la ministre, je suis convaincu qu'il s'agit là d'une affaire à laquelle le ministère doit réfléchir avec la plus grande attention.

LE GARDIEN *(avec un signe de tête)*

Madame la ministre.

DELPHI/HERMIONE

Eh bien, nous allons réfléchir ensemble.

Le GARDIEN *s'éloigne, au grand soulagement des deux autres.*

DELPHI/HERMIONE

Mon oncle a eu l'idée d'inviter un fonctionnaire du ministère, il lui a offert un verre et y a versé en douce un peu de Veritaserum. Le fonctionnaire nous a tout de suite dit qu'il existait bien un Retourneur de Temps et nous a même révélé où il se trouvait : dans le bureau de la ministre de la Magie en personne.

Elle montre une porte du doigt. Tout à coup, on entend la voix de quelqu'un.

HERMIONE (*de loin*)
   Harry… Il faut qu'on en parle…

HARRY (*également de loin*)
   Il n'y a rien à dire.

DELPHI/HERMIONE
   Oh non !

ALBUS/RON
   Hermione. Et papa.

Ils sont aussitôt saisis d'une panique contagieuse.

SCORPIUS/HARRY
   Bon, il faut se cacher. Pas de cachette. Vous connaissez des sortilèges d'Invisibilité ?

DELPHI/HERMIONE
   Est-ce qu'on va… dans son bureau ?

ALBUS/RON
   C'est elle qui va y aller, dans son bureau.

DELPHI/HERMIONE
   Il n'y a pas d'autre endroit possible.

*Elle essaye d'ouvrir la porte du bureau, n'y arrive pas, essaye à
nouveau.*

HERMIONE (*toujours au loin*)
   Si tu n'en parles pas, ni à moi, ni à Ginny…

SCORPIUS/HARRY
   Reculez-vous. *Alohomora !*

*Il pointe sa baguette magique sur la porte qui s'ouvre immédiatement.
Très content de lui, il a un grand sourire.*

SCORPIUS/HARRY
   Albus. Tu dois empêcher Hermione d'entrer. Il n'y a que toi qui
   puisses le faire.

HARRY (*sa voix vient des coulisses*)
   Qu'est-ce que tu veux que je te dise ?

ALBUS/RON

Moi ? Pourquoi moi ?

DELPHI/HERMIONE

Ça ne peut pas être nous. Nous *sommes* elle et lui.

HERMIONE (*toujours en coulisses*)

Il est évident que tu n'aurais jamais dû lui dire ça… mais il y a d'autres éléments en jeu dans cette histoire…

ALBUS/RON

Enfin quoi… Je ne peux pas… C'est impossible…

Il y a un instant d'affolement, puis ALBUS/RON *finit par se retrouver devant la porte du bureau tandis qu'*HERMIONE *et* HARRY *apparaissent sur scène.*

HARRY

Hermione, je te suis très reconnaissant de t'inquiéter pour moi, mais il n'est absolument pas nécessaire…

HERMIONE

Ron ?

ALBUS/RON

Surprise !!!

HERMIONE

Qu'est-ce que tu fais là ?

ALBUS/RON

Alors, maintenant, un mari doit avoir une excuse pour venir voir sa femme ?

Il embrasse HERMIONE *avec fougue.*

HARRY

Il vaut mieux que j'y aille…

HERMIONE

Harry, je veux insister sur un point… Quoi que pense Drago – ce que tu as dit à Albus… Je crois que personne n'a intérêt à ce que tu le retournes dans ta tête…

ALBUS/RON

Ah, oui, quand il dit qu'il y a des moments où il aimerait

mieux que je – *(il se rattrape de justesse)* qu'Albus ne soit pas son fils.

HERMIONE

Ron !

ALBUS/RON

Moi, je trouve qu'il vaut mieux s'exprimer plutôt que de tout garder à l'intérieur…

HERMIONE

Il le sait bien : parfois, nous disons des choses que nous ne pensons pas. Il le sait.

ALBUS/RON

Mais si on dit des choses qu'on pense vraiment ?… Hein ? Dans ces cas-là ?

HERMIONE

Ron, sincèrement, ce n'est pas le moment.

ALBUS/RON

Non, bien sûr. Au revoir, chérie.

ALBUS/RON *la regarde s'éloigner en espérant qu'elle va passer devant son bureau sans y entrer. Mais ce n'est évidemment pas le cas. Il court alors pour lui barrer le chemin avant qu'elle ne puisse ouvrir la porte. Il l'empêche de passer une première fois, puis une deuxième fois en remuant les hanches.*

HERMIONE

Pourquoi tu m'empêches de passer ?

ALBUS/RON

Je ne… je n'empêche… rien du tout.

Elle tente à nouveau d'ouvrir la porte et à nouveau RON *se met en travers de son chemin.*

HERMIONE

Tu vois bien que si ! Laisse-moi entrer dans mon bureau, Ron.

ALBUS/RON

Et si on avait un autre bébé ?

HERMIONE *essaye de le contourner pour atteindre la porte.*

HERMIONE

Quoi ?

ALBUS/RON

Ou alors peut-être pas un autre bébé, mais en tout cas, des vacances. Je veux soit un bébé, soit des vacances et, crois-moi, j'insiste. On pourrait peut-être en parler plus tard, mon trésor ?

Elle tente une fois de plus d'entrer dans son bureau, mais ALBUS/RON *l'en empêche en l'embrassant. L'étreinte se transforme très vite en lutte.*

ALBUS/RON

Peut-être en allant boire un verre au Chaudron Baveur ? Je t'aime, Hermione.

HERMIONE *(qui se détend)*

Si jamais tu as recommencé à mettre des boules puantes dans cette pièce, Merlin lui-même ne pourra plus rien pour toi. Bon. De toute façon, nous devons aller voir les Moldus pour les mettre au courant des dernières nouvelles.

Elle sort. HARRY *sort avec elle.*

ALBUS/RON *se tourne vers la porte du bureau.* HERMIONE *revient, seule cette fois.*

HERMIONE

Un bébé – OU – des vacances ? Parfois, tu es assez extravagant, tu le sais ?

ALBUS/RON

C'est bien pour ça que tu m'as épousé, non ? Mon côté diablotin farfelu.

Elle sort à nouveau. Il s'apprête à rouvrir la porte, mais une fois de plus, HERMIONE *revient et il referme la porte en la claquant.*

HERMIONE

Tu sentais le poisson quand tu m'as embrassée. Je t'avais pourtant dit de ne plus manger ces sandwiches au poisson pané.

ALBUS/RON

Bien vu.

Elle sort à nouveau. ALBUS/RON *vérifie qu'elle n'est vraiment plus là et on sent le soulagement qu'il éprouve quand il peut enfin ouvrir la porte et entrer dans le bureau.*

ACTE I   SCÈNE 19

MINISTÈRE DE LA MAGIE,
DANS LE BUREAU D'HERMIONE

SCORPIUS/HARRY *et* DELPHI/HERMIONE *attendent de l'autre côté de la porte du bureau d'*HERMIONE *lorsqu'*ALBUS/RON *entre. Épuisé, il se laisse tomber dans un fauteuil.*

ALBUS/RON

C'est vraiment bizarre, tout ça.

DELPHI/HERMIONE

Tu as été impressionnant. Très bon, ton coup pour l'empêcher de passer.

SCORPIUS/HARRY

J'hésite entre t'applaudir ou te dire que tu pousses un peu. Quand même, embrasser ta tante comme ça. Au moins cinq cents fois !

ALBUS/RON

Ron est un type très affectueux. J'essayais de détourner son attention. Et j'ai réussi.

SCORPIUS/HARRY

Et puis il y a ce que ton père t'a dit…

DELPHI/HERMIONE

Bon, les garçons… Elle va bientôt revenir, on a intérêt à se dépêcher.

ALBUS/RON (*à* SCORPIUS/HARRY)

    Tu as entendu ?

DELPHI/HERMIONE

    Où est-ce qu'Hermione pourrait bien cacher un Retourneur de Temps ? (*Elle regarde autour d'elle et voit la bibliothèque.*) On va chercher dans les bouquins.

Ils commencent à fouiller. SCORPIUS/HARRY *regarde son ami d'un air inquiet.*

SCORPIUS/HARRY

    Pourquoi tu ne m'avais rien raconté ?

ALBUS/RON

    Mon père m'a dit qu'il aimerait mieux que je ne sois pas son fils. Pas très passionnant, comme sujet de conversation.

SCORPIUS/HARRY *s'efforce de trouver quelque chose à répondre.*

SCORPIUS/HARRY

    Moi, je sais que… ce truc sur Voldemort… ce n'est pas vrai… toi aussi, tu le sais… Mais parfois, j'ai l'impression que mon père se demande : « Comment j'ai pu engendrer ça ? »

ALBUS/RON

    Ça vaut *quand même* mieux que mon père à moi. Je suis sûr qu'il passe la plus grande partie de son temps à penser : « Comment faire pour m'en débarrasser ? »

DELPHI/HERMIONE *essaye d'entraîner* SCORPIUS/HARRY *vers la bibliothèque.*

DELPHI/HERMIONE

    On pourrait peut-être se concentrer sur ce qu'on est venus chercher.

SCORPIUS/HARRY

    Ce que je veux dire, c'est que… ce n'est pas par hasard qu'on est amis, Albus. Il y a une raison pour laquelle nous nous sommes trouvés, tous les deux, tu sais ? Et quel que soit le but de cette… aventure…

Il repère alors sur un rayon un livre qui lui fait froncer les sourcils.

SCORPIUS/HARRY

Vous avez vu les livres sur cette étagère ? C'est du sérieux. Des livres interdits. Des livres maudits.

ALBUS/RON

Comment distraire Scorpius d'un gros problème émotionnel ? Emmenez-le dans une bibliothèque.

SCORPIUS/HARRY

Tous les livres de la Réserve interdite et d'autres encore. *Des Grandes Noirceurs de la magie, Démons du XVe siècle. Sonnets d'un sorcier* – celui-là n'est même pas autorisé à Poudlard !

ALBUS/RON

Ombres et esprits. Le Guide vénéneux de la nécromancie.

DELPHI/HERMIONE

C'est quelque chose, ces livres-là, non ?

ALBUS/RON

L'Histoire vraie du Feu d'Opale. Le Sortilège de l'Imperium et comment en abuser.

SCORPIUS/HARRY

Et regardez ça, un peu. Waouh. *Mes Yeux et comment voir au-delà d'eux,* par Sibylle Trelawney. Un livre sur la divination. Hermione Granger déteste la divination. Fascinant. Ça, c'est une découverte…

Il prend le livre sur l'étagère. Celui-ci s'ouvre en tombant par terre. Et il parle.

LE LIVRE

Ma première qui est aussi ma quatrième
N'est pas dans la couronne, elle est dans le diadème.

SCORPIUS/HARRY

D'accord ! Un livre qui parle. Un peu bizarre.

LE LIVRE

Mon second entre en scène
En créant de la gêne.
Et quand vient ma dernière…

ALBUS/RON

C'est une charade. Il nous propose une charade.

LE LIVRE

On va au cimetière.

DELPHI/HERMIONE

Qu'est-ce que tu as fabriqué ?

SCORPIUS/HARRY

J'ai… heu… ouvert un livre pour le lire. Depuis que je suis sur cette planète, ça ne m'a jamais paru une activité particulièrement dangereuse.

Les livres se jettent sur ALBUS *pour essayer de l'attraper. Il parvient tout juste à esquiver.*

ALBUS/RON

Ça veut dire quoi, ce cirque ?

DELPHI/HERMIONE

Elle en a fait des armes. Elle a transformé les livres de sa bibliothèque en système de défense. C'est sûrement là qu'elle a caché le Retourneur de Temps. Si on résout la charade, on le trouvera.

ALBUS/RON

« Ma première qui est aussi ma quatrième n'est pas dans la couronne, elle est dans le diadème. » La quatrième… dans le diadème et pas dans la couronne, ça doit être un *D*.

Les livres essayent d'avaler DELPHI/HERMIONE.

SCORPIUS/HARRY

« Mon second entre en scène en créant de la gêne… »

DELPHI/HERMIONE *(avec enthousiasme)*

Trac ! Le trac ! « Et quand vient ma dernière, on va au cimetière… » Heure ! La dernière heure, D-trac-heure, Détraqueur ! Il faut trouver un livre sur les Détraqueurs. *(La bibliothèque semble se saisir d'elle.)* Albus !

ALBUS/RON

Delphi ! Qu'est-ce qui se passe ?

SCORPIUS/HARRY

Concentrons-nous, Albus. Faisons ce qu'elle a dit. On va chercher un livre sur les Détraqueurs, mais soyons très prudents.

ALBUS/RON

Là ! *La Domination des Détraqueurs. L'Histoire véritable d'Azkaban.*

Le livre s'ouvre et se précipite dangereusement sur SCORPIUS/HARRY *qui doit l'éviter de justesse. Il perd alors l'équilibre et heurte violemment un rayonnage qui essaye de l'avaler.*

LE LIVRE

Je suis né au fond d'une cage
Et je l'ai brisée avec rage,
D'un jeu du sort, je me libère
Par le sang sacré de ma mère.

ALBUS/RON

Voldemort.

DELPHI *plonge à travers les livres. Elle a retrouvé son apparence habituelle.*

DELPHI

Faites vite !

Elle est à nouveau attirée par la bibliothèque et pousse un hurlement.

ALBUS/RON

Delphi ! Delphi !

Il essaye de lui saisir la main, mais elle a disparu.

SCORPIUS/HARRY

Elle est redevenue elle-même. Tu as remarqué ?

ALBUS/RON

Non ! Parce que j'avais surtout peur qu'elle se fasse dévorer par une bibliothèque ! Trouve. Quelque chose. N'importe quoi. Sur lui, sur Voldemort.

Il découvre un livre.

ALBUS/RON

L'Héritier de Serpentard ? Tu crois que c'est ça ?

Il prend le livre qui retourne de lui-même sur son étagère. ALBUS/RON *est happé par la bibliothèque.*

SCORPIUS/HARRY

Albus ? Albus !!

Mais ALBUS/RON *a disparu.*

SCORPIUS/HARRY

D'accord, pas celui-là. Voldemort. Voldemort. Voldemort.

Il scrute les étagères.

SCORPIUS/HARRY

Jedusor : son histoire vraie, ce doit être…

Il ouvre le volume qui s'arrache de ses mains en laissant échapper des éclats de lumière. Une voix plus grave que celle des autres ouvrages s'élève alors.

LE LIVRE

Je suis la créature que tu n'as pas vue,
Je suis toi. Je suis moi. Un écho imprévu
Parfois derrière ou bien devant,
Nous sommes liés d'un lien constant.

ALBUS *s'extrait d'entre les livres. Il a retrouvé son apparence normale.*

SCORPIUS/HARRY

Albus…

Il essaye de l'attraper.

ALBUS

Non. RÉFLÉCHIIIIS, c'est tout.

ALBUS *est violemment ramené dans la bibliothèque.*

SCORPIUS/HARRY

Je ne peux pas… un écho invisible, ça veut dire quoi ? La seule chose que je sache bien faire, c'est réfléchir, mais quand il faut absolument que je réfléchisse… je n'y arrive plus.

Les livres l'attirent parmi eux, il ne peut rien faire pour leur résister.

C'est un spectacle terrifiant.
Un silence s'installe.
Puis un BANG, *une détonation assourdissante et une pluie de livres tombe des rayons.* SCORPIUS *réapparaît. Il écarte les livres à grands gestes.*

SCORPIUS

Non ! Tu ne feras pas ça ! Sibylle Trelawney. Non !!!

Il jette un regard autour de lui, submergé mais plein d'énergie.

On n'y est pas du tout. Albus ? Tu m'entends ? Tout ça pour un fichu Retourneur de Temps. Réfléchis, Scorpius. Réfléchis.

Les livres tentent à nouveau de l'attraper.

« Nous sommes liés d'un lien constant. Parfois derrière ou bien devant. » Attends. Ça m'avait échappé. Une ombre. Tu es une ombre. *Ombres et esprits.* C'est sûrement…

Il monte sur l'échelle de la bibliothèque qui se dresse au-dessus de lui d'une manière effrayante. À chaque barreau qu'il escalade, les livres essayent de l'attraper.
Enfin, il prend le volume sur le rayon. Le livre se laisse faire et tout à coup le vacarme et le chaos s'interrompent.

Est-ce que c'est…

On entend brusquement un grand bruit. ALBUS *et* DELPHI *tombent des étagères et se retrouvent sur le sol.*

SCORPIUS

On l'a eue ! On a vaincu la bibliothèque !

ALBUS

Delphi, tu es… ?

DELPHI

Waouh. Tu parles d'une promenade.

ALBUS *voit le livre que* SCORPIUS *tient contre sa poitrine.*

ALBUS

C'est ça ? Scorpius ? Qu'est-ce qu'il y a dans ce livre ?

DELPHI

On devrait regarder, non ?

SCORPIUS *ouvre le livre. Il est creusé en son centre et contient un…*
Retourneur de Temps qui tourne sur lui-même.

SCORPIUS

On l'a trouvé. On a trouvé le Retourneur de Temps. Je n'aurais
jamais cru qu'on arriverait jusque-là.

ALBUS

Bon, maintenant qu'on l'a, le prochain objectif, c'est sauver
Cedric. Le voyage ne fait que commencer.

SCORPIUS

Ne fait que commencer et on a déjà failli en mourir. Parfait. On
va bien s'amuser.

Des murmures s'élèvent jusqu'à devenir un rugissement. Le noir se
fait sur la scène.

ENTRACTE

PREMIÈRE PARTIE

ACTE II

ACTE II SCÈNE I

UN RÊVE. PRIVET DRIVE, DANS LE PLACARD SOUS L'ESCALIER

LA TANTE PÉTUNIA

Harry. Harry ! Ces casseroles ne sont pas propres. C'EST MÊME UNE HONTE. HARRY POTTER. Allez, debout !

HARRY JEUNE *se réveille et voit sa* TANTE PÉTUNIA *se ruer sur lui.*

HARRY JEUNE

Tante Pétunia. Quelle heure est-il ?

LA TANTE PÉTUNIA

C'est largement l'heure. Vois-tu, lorsque nous avons accepté de t'héberger, nous avions l'espoir que nous pourrions t'améliorer – te former le caractère –, faire de toi un être humain convenable. J'imagine donc que nous ne devons nous en prendre qu'à nous-mêmes en voyant ce que tu es devenu. Un lamentable ratage.

HARRY JEUNE

J'essaye de…

LA TANTE PÉTUNIA

Essayer ne suffit pas, il faut réussir ! Il y a des taches de gras sur les verres. Des rayures sur les casseroles. Alors, maintenant, tu te lèves, tu files dans la cuisine et tu astiques.

HARRY *sort de son lit. Une tache humide macule son pantalon de pyjama.*

LA TANTE PÉTUNIA

Oh, non! Non! Qu'est-ce que tu as fait, encore? Tu recommences à mouiller ton lit?

Elle rabat les couvertures.

LA TANTE PÉTUNIA

C'est totalement inacceptable.

HARRY JEUNE

Je… je suis désolé. Je crois que j'ai fait un cauchemar.

LA TANTE PÉTUNIA

Tu es dégoûtant. Il n'y a que les animaux qui ne peuvent pas se retenir. Les animaux et les petits garçons dégoûtants.

HARRY JEUNE

C'étaient maman et papa. J'ai l'impression de les avoir vus… de les avoir vus… mourir…

LA TANTE PÉTUNIA

Et tu peux m'expliquer en quoi cela devrait m'intéresser le moins du monde?

HARRY JEUNE

Il y avait un homme qui criait «adkava ad-quelque chose, acabra»… Et puis un sifflement, comme celui d'un serpent. J'ai entendu maman hurler.

La TANTE PÉTUNIA *prend le temps de retrouver une contenance.*

LA TANTE PÉTUNIA

Si vraiment tu les as vus mourir, tout ce que tu as pu entendre, c'est un crissement de pneus et un horrible bruit de tôle. Tes parents sont morts dans un accident de voiture. Tu le sais. Je ne pense pas que ta mère ait eu le temps de hurler. Que le Seigneur t'épargne les autres détails. Maintenant, enlève ces draps, va dans la cuisine et mets-toi au travail. Que je n'aie pas à te le dire deux fois.

Elle sort dans un claquement de porte.

HARRY JEUNE *reste seul, ses draps à la main.*

La scène se met alors en mouvement. On dirait qu'elle se déforme et des arbres poussent tandis que le rêve devient tout autre chose.

Tout à coup, ALBUS *apparaît, debout devant* HARRY JEUNE *qu'il observe.*

Puis, du fond de la pièce, s'élève un murmure en Fourchelang qui s'insinue et semble s'enrouler autour de chacun.

Il arrive. Il arrive.

Les mots sont prononcés par une voix qu'on ne peut confondre avec aucune autre. La voix de VOLDEMORT...

Haaarry Pottttter...

ACTE II   SCÈNE 2

MAISON DE HARRY ET GINNY POTTER, DANS L'ESCALIER

HARRY *se réveille dans l'obscurité, la respiration haletante. Il est manifestement épuisé, submergé par la terreur.*

HARRY

Lumos.

GINNY *entre, surprise par la lumière.*

GINNY

Ça va ?

HARRY

Je m'étais endormi.

GINNY

En effet.

HARRY

Et toi, tu ne dormais pas. Il y a… des nouvelles ? Des hiboux ou… ?

GINNY

Rien du tout.

HARRY

J'étais en train de rêver – je me trouvais dans le placard sous

l'escalier et brusquement, je… je l'ai entendu… Voldemort…
Sa voix si nette.

GINNY

Voldemort ?

HARRY

Et puis, j'ai vu Albus – habillé en rouge –, il portait une robe
de Durmstrang.

GINNY

Une robe de Durmstrang ?

HARRY *réfléchit.*

HARRY

Ginny, je crois savoir où il est…

ACTE II   SCÈNE 3

POUDLARD,
DANS LE BUREAU DE LA DIRECTRICE

HARRY *et* GINNY *sont dans le bureau du* PROFESSEUR McGONAGALL.

LE PROFESSEUR McGONAGALL
Et on ne sait pas où, dans la Forêt interdite ?

HARRY
Il y a des années que je n'avais pas fait un tel rêve. Mais Albus
était là, j'en suis sûr.

GINNY
Il faut faire des recherches aussi vite que possible.

LE PROFESSEUR McGONAGALL
Je peux vous envoyer le professeur Londubat. Sa connaissance
des plantes serait peut-être utile. Et…

Soudain, on entend un grondement qui provient de la cheminée. Le
PROFESSEUR McGONAGALL *regarde l'âtre d'un air inquiet.* HERMIONE
surgit alors, tombant du conduit de la cheminée.

HERMIONE
Est-ce que c'est vrai ? Je peux vous aider ?

LE PROFESSEUR McGONAGALL
Madame la ministre… Voilà qui est fort inattendu…

GINNY

C'est peut-être ma faute. J'ai convaincu les responsables de *La Gazette du sorcier* de publier une édition spéciale pour demander des volontaires.

LE PROFESSEUR McGONAGALL

Ah, oui. Très judicieux. J'imagine… qu'il va y en avoir un certain nombre.

À son tour, RON *fait irruption dans la cheminée. Il est couvert de suie et porte autour du cou une serviette de table tachée de sauce.*

RON

J'ai manqué quelque chose ? Je ne savais pas par quelle cheminée passer. Je me suis retrouvé dans la cuisine, je me demande comment. (HERMIONE *le fusille du regard tandis qu'il arrache la serviette de son cou.*) Quoi ? Qu'est-ce qu'il y a ?

On entend un nouveau grondement dans la cheminée et, cette fois, c'est DRAGO *qui tombe brutalement dans l'âtre, entouré d'une pluie de suie et de poussière.*
Tout le monde le regarde, étonné. Il se relève et s'efforce d'épousseter la suie qui macule ses vêtements.

DRAGO

Désolé pour votre parquet, Minerva.

LE PROFESSEUR McGONAGALL

Disons que ça m'apprendra à avoir une cheminée.

HARRY

Drago ! Quelle surprise de te voir ! Je croyais que tu n'accordais aucun crédit à mes rêves.

DRAGO

En effet, mais j'ai confiance dans ta chance. Harry Potter se trouve toujours au cœur de l'action. Et je veux que mon fils revienne auprès de moi, sain et sauf.

GINNY

Dans ce cas, allons dans la Forêt interdite pour les retrouver tous les deux.

ACTE II SCÈNE 4

À LA LISIÈRE DE LA FORÊT INTERDITE

ALBUS *et* DELPHI *se font face, leur baguette magique à la main.*

ALBUS
Expelliarmus !

La baguette de DELPHI *s'envole dans les airs.*

DELPHI
Voilà, tu commences à y arriver. Tu deviens même très bon.

Elle lui reprend sa baguette et dit avec préciosité :

Tu es un jeune homme absolument désarmant.

ALBUS
Expelliarmus !

La baguette de DELPHI *s'envole à nouveau, dans l'autre sens.*

DELPHI
Et nous avons un gagnant !

Tous les deux se claquent la main.

ALBUS
Je n'ai jamais été très bon en sortilèges.

SCORPIUS *apparaît au fond de la scène. Il regarde son ami parler à une fille – et, d'un côté, il en est content, d'un autre, il n'aime pas cela du tout.*

DELPHI

Moi, j'étais complètement nulle – et puis tout d'un coup, il y a eu un déclic. C'est ce qui va se passer pour toi aussi. Je ne suis pas une super sorcière, mais je crois que tu deviens un sacré bon sorcier, Albus Potter.

ALBUS

Alors, tu devrais rester. Pour m'en apprendre un peu plus…

DELPHI

Bien sûr que je reste, on est amis, non ?

ALBUS

Oui. Oui, on est amis. Absolument, on est amis.

DELPHI

Très bien. Magiquissimo !

SCORPIUS

Qu'est-ce qui est magiquissimo ?

SCORPIUS *s'avance d'un pas décidé.*

ALBUS

J'ai réussi le sortilège. Bon, d'accord, il n'est pas très compliqué, mais quand même – j'y suis arrivé.

SCORPIUS *(il essaye de participer en se montrant trop enthousiaste)*
Et moi, j'ai trouvé un chemin pour aller jusqu'à l'école. Vous croyez vraiment que ça va marcher ?

DELPHI

Oui !

ALBUS

C'est un plan génial. Le secret pour arriver à ce que Cedric reste en vie, c'est de l'empêcher de gagner le Tournoi des Trois Sorciers. S'il ne gagne pas, il ne pourra pas être tué.

SCORPIUS

Je comprends très bien ça, mais…

ALBUS

Il nous suffit donc de lui gâcher au maximum toutes ses chances de réussir la première tâche. Cette première tâche, c'était de s'emparer d'un œuf d'or gardé par un dragon – comment Cedric s'y est-il pris pour détourner l'attention du dragon ?

DELPHI *lève la main.* ALBUS *sourit et pointe le doigt vers elle. Tous deux semblent s'entendre à merveille, à présent.*

ALBUS

Diggory, je vous écoute.

DELPHI

Il a métamorphosé une pierre en chien.

ALBUS

Eh bien, avec un petit *Expelliarmus*, il ne pourra plus le faire.

Le duo DELPHI-ALBUS *n'amuse pas beaucoup* SCORPIUS.

SCORPIUS

D'accord. Deux points à préciser, maintenant. Premier point : est-ce qu'on est certains que le dragon ne va pas le tuer ?

DELPHI

Avec lui, il y a toujours deux points à préciser, tu as remarqué ? Bien sûr qu'il ne va pas le tuer. On est à Poudlard. Ils ne prendront pas le risque de faire du mal à un des champions.

SCORPIUS

D'accord. Deuxième *point* – un *point* encore plus important. Nous allons remonter de plusieurs années dans le temps sans savoir si nous pourrons en revenir après. Ce qui est très excitant. Mais peut-être qu'on devrait d'abord faire un essai en revenant, disons, une heure en arrière, et ensuite…

DELPHI

Désolée, Scorpius, mais on n'a vraiment pas de temps à perdre. Attendre ici, aussi près de l'école, c'est trop dangereux. Je suis sûre qu'ils vont commencer à vous chercher et…

ALBUS

Elle a raison.

DELPHI

Il va falloir que vous mettiez ça…

Elle leur donne deux grands sacs en papier dans lesquels ALBUS *et* SCORPIUS *trouvent des robes de sorcier.*

ALBUS

Ce sont des robes de Durmstrang !

DELPHI

C'est une idée de mon oncle. Si vous portez des robes de Poudlard, les autres vont s'étonner de ne vous avoir jamais vus. Mais il y a deux autres écoles en compétition dans le Tournoi des Trois Sorciers. Et si vous avez l'uniforme de Durmstrang, vous pourrez plus facilement vous fondre dans la foule.

ALBUS

Bien vu ! Mais toi ? Où est ta robe ?

DELPHI

Albus, tu me flattes beaucoup, mais j'aurais du mal à apparaître comme une élève, tu ne crois pas ? Je me contenterai de rester en arrière et d'avoir l'air d'une… tiens, je pourrais peut-être me faire passer pour une dompteuse de dragons. De toute façon, c'est vous qui ferez tout le travail pour le sortilège.

SCORPIUS *la regarde puis se tourne vers* ALBUS.

SCORPIUS

Il ne faut pas qu'elle vienne.

DELPHI

Quoi ?

SCORPIUS

C'est vrai, tu ne peux pas t'habiller en élève, tu prendrais trop de risques. Et on n'a pas besoin de toi pour jeter le sortilège. Désolé, Delphi, mais tu ne dois pas venir avec nous.

DELPHI

Mais je dois absolument y être. C'est mon cousin. Albus ?

ALBUS

Je crois qu'il a raison. Désolé.

DELPHI

Quoi ?

ALBUS

Ne t'inquiète pas, on fera ça bien.

DELPHI

Sans moi, vous ne saurez pas vous servir du Retourneur de Temps.

SCORPIUS

Tu nous as appris comment le faire marcher.

DELPHI *est vraiment très contrariée.*

DELPHI

Non. Je ne vous laisserai pas faire ça…

ALBUS

Tu as dit à ton oncle qu'il pouvait avoir confiance en nous. Maintenant, c'est à ton tour d'avoir confiance. L'école est tout près. On doit te laisser ici.

DELPHI *les regarde tous les deux et prend une profonde inspiration. Puis elle hoche la tête comme pour elle-même et sourit.*

DELPHI

Alors, allez-y. Mais n'oubliez pas une chose : aujourd'hui vous avez une occasion qu'on n'a pas souvent… L'occasion de changer l'histoire… et de changer le temps lui-même. Et, plus encore, vous avez une chance de rendre son fils à un vieil homme.

Elle sourit à nouveau. Elle regarde ALBUS, *puis se penche vers lui et l'embrasse doucement sur les deux joues.*
Elle s'éloigne alors parmi les arbres. ALBUS *la suit des yeux.*

SCORPIUS

Moi, tu as vu, elle ne m'a pas embrassé. (*Il regarde son ami.*) Ça va, Albus ? Tu m'as l'air un peu pâle. Et un peu rouge, aussi. Pâle et rouge à la fois.

ALBUS

Allons-y.

ACTE II   SCÈNE 5

LA FORÊT INTERDITE

La forêt semble devenir plus épaisse, plus vaste. Parmi les arbres, des hommes, des femmes cherchent partout. Ils essayent de retrouver les deux jeunes sorciers disparus. Peu à peu, le groupe se disperse, laissant HARRY *seul.*
Il entend un bruit et se tourne vers sa droite.

HARRY

Albus ? Scorpius ? Albus ?

Un martèlement de sabots retentit alors. HARRY *sursaute. Il regarde autour de lui pour repérer l'origine du bruit.*
Tout à coup, BANE *s'avance dans la lumière. C'est un magnifique centaure.*

BANE

Harry Potter.

HARRY

Ah, c'est bien. Tu me reconnais encore, Bane.

BANE

Tu as grandi en âge.

HARRY

C'est vrai.

BANE

Mais pas en sagesse. Car tu as pénétré sur nos terres.

HARRY

J'ai toujours respecté les centaures. Nous ne sommes pas ennemis. Tu as combattu vaillamment à la bataille de Poudlard. Et je me suis battu à tes côtés.

BANE

J'ai joué mon rôle. Pour ma horde et pour notre honneur. Pas pour vous. Après la bataille, la forêt a été déclarée terre des centaures. Et si tu pénètres sur cette terre… sans autorisation… alors, tu deviens notre ennemi.

HARRY

Mon fils a disparu, Bane. J'ai besoin d'aide pour le retrouver.

BANE

Il est ici ? Dans notre forêt ?

HARRY

Oui.

BANE

Alors, il est aussi stupide que toi.

HARRY

Peux-tu m'aider, Bane ?

Il y a un moment de silence. BANE *observe* HARRY *d'un regard impérieux.*

BANE

Je peux simplement te dire ce que je sais… mais ce n'est pas pour toi que je le dis, c'est dans l'intérêt des miens. Les centaures n'ont pas besoin d'une nouvelle guerre.

HARRY

Nous non plus. Que sais-tu ?

BANE

J'ai vu ton fils, Harry Potter. Je l'ai vu dans la course des étoiles.

HARRY

Tu l'as vu dans les étoiles ?

BANE

Je ne peux te dire où il est. Mais je peux te dire comment le trouver.

HARRY

Tu as vu quelque chose ? Tu as eu une vision ?

BANE

Il y a un nuage noir autour de ton fils, un nuage noir et menaçant.

HARRY

Autour d'Albus ?

BANE

Un nuage noir qui peut nous mettre tous en danger. Tu retrouveras ton fils, Harry Potter. Mais alors, tu le perdras peut-être pour toujours.

Il émet un son semblable à un hennissement, puis il s'en va d'un pas ferme, laissant seul un HARRY POTTER *déconcerté.*
HARRY *recommence à chercher – avec, à présent, une ferveur encore plus intense.*

HARRY

Albus ! Albus !

ACTE II   SCÈNE 6

À LA LISIÈRE DE LA FORÊT INTERDITE

SCORPIUS *et* ALBUS *contournent un bouquet d'arbres et voient devant eux un espace entre les feuillages…*
Un espace qui laisse passer… une magnifique lumière…

SCORPIUS
Et voilà, c'est là…

ALBUS
Poudlard. Je ne l'avais encore jamais vu sous cet angle.

SCORPIUS
Ça donne des frissons, non ? Quand on l'a devant les yeux.

Apparaît alors entre les arbres l'école Poudlard… Une masse splendide, impressionnante, de tours et de bâtiments tout en rondeurs.

SCORPIUS
Dès que j'en ai entendu parler pour la première fois, je n'avais plus qu'une envie, c'était d'y aller. Mon père n'aimait pas trop cet endroit quand il s'y trouvait, mais même la façon dont il me le décrivait… Dès l'âge de dix ans, je me suis précipité tous les matins sur *La Gazette du sorcier*… J'étais certain qu'une quelconque tragédie allait s'abattre sur l'école… Certain que je n'aurais pas la chance d'y aller.

ALBUS

Et puis tu es arrivé là-bas et, finalement, il s'est trouvé que c'était une horreur.

SCORPIUS

Pas pour moi.

ALBUS *regarde son ami, l'air choqué.*

SCORPIUS

Ce que je voulais, c'était aller à Poudlard et avoir un copain pour tout mettre sens dessus dessous. Comme Harry Potter. Et voilà que je tombe sur son fils. C'est une chance dingue.

ALBUS

Mais je ne suis pas du tout comme mon père.

SCORPIUS

Tu es mieux que ça. Tu es mon meilleur ami, Albus. Et là, on est en train de mettre les choses sens dessus dessous au degré maximum. C'est génial, pouce levé ! Bravo ! Simplement… je dois te le dire… ça m'est égal de l'avouer… j'ai un tout petit peu… juste un tout petit peu peur.

ALBUS *lance un coup d'œil à* SCORPIUS *et sourit.*

ALBUS

Tu es mon meilleur ami, à moi aussi. Et ne t'inquiète pas, je sens que tout se passera bien.

On entend la voix de RON *en coulisses. De toute évidence, il n'est pas très loin.*

RON

Albus ? Albus !

ALBUS *se tourne vers l'endroit d'où vient la voix, l'air effrayé.*

ALBUS

Mais il faut qu'on y aille – et tout de suite.

ALBUS *prend le Retourneur de Temps des mains de* SCORPIUS *– il appuie dessus et l'objet se met à vibrer, puis il explose dans un mouvement violent, tempétueux.*

Le décor commence alors à se transformer sous les yeux des deux garçons.

Une immense clarté balaye la scène. Un grand fracas retentit.

Et le temps s'arrête. Il se retourne, semble réfléchir un instant, et commence à revenir en arrière, lentement au début...

Puis de plus en plus vite.

ACTE II SCÈNE 7

LE TOURNOI DES TROIS SORCIERS, À LA LISIÈRE DE LA FORÊT INTERDITE, 1994

Soudain, un grand vacarme s'élève d'une foule qui engloutit ALBUS *et* SCORPIUS.
Tout d'un coup, « le plus grand homme de spectacle du monde » (c'est lui qui l'affirme, pas nous) occupe la scène en se servant de la formule magique Sonorus *pour amplifier sa voix et, disons-le, il est à la fête.*

LUDO VERPEY
> Mesdames et messieurs, jeunes hommes, jeunes filles, je vous demande d'applaudir le grand… le fabuleux… le seul… et unique TOURNOI DES TROIS SORCIERS !

> *Des acclamations enthousiastes s'élèvent de la foule.*

> Si vous êtes élèves de Poudlard, je veux vous entendre !

> *Des acclamations tout aussi enthousiastes s'élèvent à nouveau.*

> Si vous êtes élèves de Durmstrang, je veux aussi vous entendre.

> *D'autres acclamations enthousiastes retentissent.*

> ET SI VOUS ÊTES ÉLÈVES DE BEAUXBÂTONS, CRIEZ À VOTRE TOUR !

> *Cette fois, les acclamations sont plutôt molles.*

> Un peu moins enthousiastes, les Français.

SCORPIUS (*avec un sourire*)

Ça a marché. C'est Ludo Verpey.

LUDO VERPEY

Et les voici. Mesdames et messieurs, jeunes hommes et jeunes filles, permettez-moi de vous présenter – c'est la raison pour laquelle nous sommes tous réunis ici – LES CHAMPIONS. Élève de Durmstrang – quels sourcils, quelle démarche, quel garçon ! –, il n'a peur de rien sur un balai, voici Viktor Krum le casse-cou.

SCORPIUS *et* ALBUS (*qui se prennent au jeu dans leur rôle d'élèves de Durmstrang*)

Vas-y, Krum Casse-Cou ! Vas-y, Krum Casse-Cou !

LUDO VERPEY

De l'académie Beauxbâtons – ouh, là, là, voici Fleur Delacour !

On entend quelques applaudissements polis.

Et pour représenter Poudlard, il n'y a pas un mais deux élèves, on se pâme sous son charme, voici le Délicieux Cedric Diggory.

La foule se déchaîne.

Maintenant, le deuxième champion – celui qu'on connaît sous le nom du Survivant, et que je connais, moi, sous le nom du « surprenant »…

ALBUS

C'est mon père.

LUDO VERPEY

Oui, c'est Harry Hardi Potter.

On entend des acclamations. Lancées en particulier par une jeune fille à l'air nerveux, debout en bordure de la foule – c'est HERMIONE JEUNE (*jouée par la même actrice qui incarne* ROSE). *Il est indéniable que les acclamations pour* HARRY *sont un peu moins enthousiastes qu'elles ne l'étaient pour* CEDRIC.

Et maintenant – silence tout le monde, s'il vous plaît. La *première* tâche. Sera de s'emparer d'un œuf d'or. Dans un nid de – mesdames et messieurs, jeunes hommes, jeunes filles, je vous

l'annonce – de DRAGONS. Et pour mener les dragons – voici
CHARLIE WEASLEY.

Des vivats montent à nouveau de la foule.

HERMIONE JEUNE

Si tu dois vraiment rester aussi près de moi, arrange-toi au moins
pour ne pas me souffler dans le cou.

SCORPIUS

Rose ? Qu'est-ce que tu fais là ?

HERMIONE JEUNE

Qui est Rose ? Et qu'est-ce que c'est que ce drôle d'accent ?

ALBUS *(avec un très mauvais accent)*

Désolé, Hermione. Il t'a confondue avec quelqu'un d'autre.

HERMIONE JEUNE

Comment se fait-il que tu connaisses mon nom ?

LUDO VERPEY

Sans perdre de temps, notre premier champion va entrer en
piste et affronter… un Suédois à museau court. Je vous demande
d'encourager… CEDRIC DIGGORY.

*Un rugissement de dragon détourne l'attention d'*HERMIONE JEUNE *et*
ALBUS *prépare sa baguette magique.*

Cedric Diggory est entré en scène. Et il semble prêt. Effrayé,
mais prêt. Il esquive d'un côté. Il esquive de l'autre. Les filles
se pâment en le voyant plonger pour se protéger. Elles crient
toutes en même temps : « Ne faites pas de mal à notre Diggory,
monsieur le dragon ! »

SCORPIUS *paraît inquiet.*

SCORPIUS

Albus, il y a quelque chose qui cloche. Le Retourneur de Temps,
il s'est mis à vibrer.

*Un tic-tac se fait entendre, un tic-tac incessant, menaçant. Il vient
du Retourneur de Temps.*

LUDO VERPEY

Cedric contourne le dragon par la gauche et plonge droit devant. Il prépare sa baguette magique. Qu'est-ce que nous mijote ce beau jeune homme si courageux ?

ALBUS (*il pointe sa baguette*)
Expelliarmus !

La baguette magique de CEDRIC *est arrachée de sa main et vient atterrir dans celle d'*ALBUS.

LUDO VERPEY

Ah, non ! Qu'est-ce qu'il y a ? S'agit-il d'une intervention des forces du Mal ou d'autre chose ? Cedric Diggory est désarmé...

SCORPIUS

Albus, le Retourneur de Temps – je crois que ça ne va pas du tout...

Le tic-tac du Retourneur de Temps résonne de plus en plus fort.

LUDO VERPEY

Tout va très mal pour le pauvre Diggo. C'est peut-être la fin de la première tâche pour lui. Et même la fin du tournoi.

SCORPIUS *attrape* ALBUS *par le bras.*
On entend un tic-tac qui va crescendo puis un éclair jaillit.
Le temps est revenu au présent et ALBUS *hurle de douleur.*

SCORPIUS

Albus. Ça t'a fait mal ? Albus, tu es...

ALBUS

Qu'est-ce qui s'est passé ?

SCORPIUS

Il y a sans doute une limite. Le Retourneur doit avoir une limite de *temps*...

ALBUS

Tu crois qu'on a réussi ? Tu crois qu'on a changé quelque chose ?

En un instant, la scène est envahie de tous côtés par HARRY, RON *(qui a maintenant une raie dans les cheveux et dont la garde-robe est devenue plus conventionnelle)*, GINNY *et* DRAGO. SCORPIUS *les regarde tous l'un après l'autre et remet discrètement le Retourneur de Temps dans sa poche.* ALBUS *les observe d'un regard plus vitreux. Il a très mal.*

RON

Je te l'avais dit. Je te l'avais dit que je les avais vus.

SCORPIUS *(en réponse à la question d'*ALBUS*)*

Je pense qu'on va bientôt le savoir.

ALBUS

Salut, papa. Il y a quelque chose qui ne va pas ?

HARRY *regarde son fils d'un air incrédule.*

HARRY

On peut dire ça, en effet.

Et ALBUS *s'effondre par terre.* HARRY *et* GINNY *se précipitent à son secours.*

ACTE II   SCÈNE 8

POUDLARD, À L'INFIRMERIE

ALBUS *dort dans un lit d'hôpital.* HARRY, *visiblement tourmenté, est assis à son chevet. Au-dessus d'eux est accroché le portrait d'un homme au visage bienveillant et inquiet.* HARRY *se frotte les yeux, se lève, et fait le tour de la pièce en s'étirant le dos.*
Il croise alors le regard du personnage représenté dans le tableau. Le portrait semble surpris d'avoir été vu. HARRY *paraît tout aussi étonné.*

HARRY
Professeur Dumbledore.

DUMBLEDORE
Bonsoir, Harry.

HARRY
Vous m'avez manqué. Chaque fois que je suis passé voir la directrice, ces temps derniers, votre cadre était vide.

DUMBLEDORE
Eh oui, j'aime bien parfois aller me promener dans mes autres tableaux. *(Il regarde* ALBUS.*)* Il sera bientôt guéri ?

HARRY
On l'a endormi depuis vingt-quatre heures, mais c'est surtout pour que Madame Pomfresh puisse remettre son bras d'aplomb. Elle m'a dit que c'était très bizarre… C'est comme si son bras

avait été cassé il y a vingt ans et qu'il était resté «complètement de travers». Mais elle m'a affirmé qu'il s'en sortira très bien.

DUMBLEDORE

J'imagine que c'est difficile de voir souffrir son enfant.

HARRY *lève les yeux vers* DUMBLEDORE, *puis regarde à nouveau* ALBUS.

HARRY

Je ne vous ai jamais demandé ce que vous pensiez de son prénom. Le fait que je lui aie donné le vôtre.

DUMBLEDORE

Sincèrement, Harry, je pense que c'est un poids très lourd posé sur la tête de ce pauvre garçon.

HARRY

J'ai besoin de votre aide. De vos conseils. D'après Bane le centaure, Albus est en danger. Comment puis-je protéger mon fils, Dumbledore ?

DUMBLEDORE

Et c'est à moi que tu demandes comment protéger un jeune garçon d'un terrible danger ? On ne peut pas protéger les jeunes de la souffrance. La douleur doit arriver et elle arrivera.

HARRY

Donc, je suis censé rester là à regarder sans rien faire ?

DUMBLEDORE

Non. Tu es censé lui apprendre à affronter la vie.

HARRY

Comment ? Il ne m'écoute pas.

DUMBLEDORE

Il attend peut-être que tu voies clairement qui il est.

HARRY *fronce les sourcils en essayant d'assimiler les paroles de* DUMBLEDORE.

DUMBLEDORE (*avec beaucoup de sensibilité*)

C'est à la fois la malédiction et la bénédiction des portraits de pouvoir… entendre des choses. À l'école, au ministère, j'entends des gens parler…

HARRY

Et c'est quoi, les derniers ragots sur mon fils et moi ?

DUMBLEDORE

Il ne s'agit pas de ragots. On s'inquiète. On sait qu'il y a un conflit entre vous. Que ton fils est difficile. Qu'il est en colère contre toi. Je finis par penser que – peut-être – tu es aveuglé par ton amour pour lui.

HARRY

Aveuglé ?

DUMBLEDORE

Il faut que tu le voies tel qu'il est, Harry. Tu dois chercher ce qui le blesse.

HARRY

Je ne le vois donc pas comme il est ? Je ne vois pas ce qui le blesse ? (*Il réfléchit un instant.*) Ou plutôt qui le blesse ?

ALBUS (*il marmonne dans son sommeil*)

Papa…

HARRY

Ce nuage noir, il représente quelqu'un, n'est-ce pas ? Et non pas quelque chose ?

DUMBLEDORE

Ah vraiment, en quoi mon opinion peut-elle encore avoir la moindre importance ? Je ne suis que peinture et souvenir, Harry. Peinture et souvenir. Et puis je n'ai jamais eu de fils.

HARRY

Mais j'ai besoin de vos conseils.

ALBUS

Papa ?

HARRY *se tourne vers* ALBUS, *puis à nouveau vers* DUMBLEDORE. *Mais ce dernier a disparu.*

HARRY

Oh, non. Où êtes-vous passé ?

ALBUS

On est à… à l'infirmerie ?

HARRY *reporte son attention sur* ALBUS.

HARRY *(complètement dérouté)*
Oui. Et tu vas – tu seras très bientôt guéri. Madame Pomfresh ne savait pas quel remède te prescrire et elle a dit que tu devrais sans doute manger beaucoup de chocolat. Ça ne t'ennuie pas que je t'en prenne un peu ? En fait, j'ai quelque chose à te dire et je ne crois pas que ça te plaira beaucoup.

ALBUS *regarde son père. Qu'a-t-il donc à lui dire ? Il décide de ne pas l'affronter.*

ALBUS
D'accord. Vas-y.

HARRY *prend du chocolat et en mange un gros morceau.* ALBUS *l'observe, déconcerté.*

ALBUS
Tu te sens mieux ?

HARRY
Beaucoup mieux.

Il tend le chocolat à son fils. ALBUS *en prend un morceau. Père et fils mangent tous les deux.*

HARRY
Ton bras, comment ça va ?

ALBUS *plie le bras.*

ALBUS
Il va tout à fait bien.

HARRY *(avec douceur)*
Où étais-tu parti, Albus ? Tu ne peux pas savoir ce que ça nous a fait… Ta mère était malade d'inquiétude…

ALBUS *lève les yeux. Il sait très bien mentir.*

ALBUS
On a décidé de ne pas aller à l'école. On s'est dit qu'on pourrait commencer une nouvelle vie… dans le monde des Moldus et on

s'est aperçus qu'on avait tort. Quand vous nous avez retrouvés, on revenait à Poudlard.

HARRY

En portant une robe de Durmstrang ?

ALBUS

Les robes, c'était… Enfin, toute cette histoire – Scorpius et moi, on n'a pas réfléchi.

HARRY

Et pourquoi ? Pourquoi tu t'es enfui ? À cause de moi ? À cause de ce que je t'ai dit ?

ALBUS

Je ne sais pas. Poudlard n'est pas un endroit si agréable quand on n'y est pas bien.

HARRY

Et Scorpius ? Est-ce qu'il t'a encouragé à… partir ?

ALBUS

Scorpius ? Non.

HARRY *observe son fils, presque comme s'il essayait de percevoir une aura autour de lui. Il paraît plongé dans une profonde réflexion.*

HARRY

Je tiens à ce que tu cesses de fréquenter Scorpius Malefoy.

ALBUS

Quoi ? Scorpius ?

HARRY

Je ne sais pas ce qui a pu vous amener à devenir amis… en tout cas, c'est fait… Mais maintenant, je veux que tu…

ALBUS

Mon meilleur ami ? Mon seul ami ?

HARRY

Il est dangereux.

ALBUS

Scorpius ? Dangereux ? Est-ce que tu le connais ? Papa, si tu crois vraiment qu'il est le fils de Voldemort…

HARRY

Je ne sais pas qui il est, je sais seulement que tu dois le tenir à distance. Bane m'a dit…

ALBUS

C'est qui, Bane ?

HARRY

Un centaure qui a un don exceptionnel pour la divination. Il a dit qu'il y avait un nuage noir autour de toi et…

ALBUS

Un nuage noir ?

HARRY

J'ai de très bonnes raisons d'être convaincu que les forces du Mal sont de retour et je dois t'en protéger. Te protéger de lui. De Scorpius.

ALBUS *hésite un moment, puis les traits de son visage se durcissent.*

ALBUS

Et si je ne veux pas ? Cesser de le fréquenter ?

HARRY *regarde son fils. Il réfléchit très vite.*

HARRY

Il existe une carte. Elle servait d'habitude à ceux qui manigançaient de mauvais coups. Maintenant, on va l'utiliser pour avoir l'œil – en permanence – sur vous deux. Le professeur McGonagall surveillera chacun de vos mouvements. Dès qu'elle vous verra ensemble, elle se précipitera… Si jamais vous essayez de quitter Poudlard, elle arrivera sur son balai. J'attends de toi que tu assistes à tous tes cours – et tu n'en partageras aucun avec Scorpius. Entre les classes, tu resteras dans la salle commune de Gryffondor !

ALBUS

Tu ne peux pas m'envoyer à Gryffondor ! Je suis à Serpentard !

HARRY

Ne joue pas à ce petit jeu avec moi, tu sais très bien dans quelle maison tu es. Si le professeur McGonagall te trouve avec Scorpius, je te lancerai un sortilège qui me permettra de surveiller avec mes yeux et mes oreilles chacun de tes mouvements, cha-cune de tes conversations. Dans le même temps, une enquête va commencer dans mon département pour savoir exactement ce qu'il en est des ascendants de Scorpius.

ALBUS *(il se met à pleurer)*

Mais papa, tu ne peux pas… Ce n'est pas…

HARRY

Longtemps, j'ai pensé que je n'étais pas un assez bon père pour toi puisque tu ne m'aimais pas. Je me rends compte seulement maintenant qu'il n'est pas nécessaire que tu m'aimes. Ce qui est nécessaire, c'est que tu m'obéisses parce que je suis ton père et que j'en sais plus que toi. Désolé, Albus, mais c'est comme ça que ça doit être.

ACTE II   SCÈNE 9

POUDLARD, DANS UN ESCALIER

ALBUS

Et si je m'enfuis ? Parce que je vais m'enfuir.

HARRY

Albus, retourne te coucher !

ALBUS

Je recommencerai à m'enfuir.

HARRY

Non. Sûrement pas.

ALBUS

Si, justement. Et cette fois, je m'arrangerai pour que Ron ne puisse pas nous retrouver.

RON

Est-ce qu'on aurait prononcé mon nom ?

RON *apparaît dans un escalier. La raie dans ses cheveux a une netteté très agressive. Sa robe de sorcier est un petit peu trop courte, ses vêtements sont maintenant tellement conventionnels qu'ils en deviennent spectaculaires.*

ALBUS

Oncle Ron ! Dumbledore soit loué ! Si on a besoin d'une de tes bonnes blagues, c'est bien maintenant…

RON *fronce les sourcils, déconcerté.*

RON

Une blague ? Je ne connais pas de blagues.

ALBUS

Bien sûr que si. Tu t'occupes d'un magasin de farces et attrapes.

RON *(déconcerté au plus haut point, à présent)*

Un magasin de farces et attrapes ? C'est nouveau, ça. En tout cas, je suis content de tomber sur toi… Je voulais t'apporter des bonbons pour… heu… enfin, pour te souhaiter un prompt rétablissement, mais en fait, Padma… elle réfléchit beaucoup plus sérieusement que moi et elle a pensé qu'il vaudrait mieux t'offrir quelque chose d'utile pour l'école. Alors, on t'a acheté… des plumes pour écrire. Oui, oui, oui. Regarde-moi un peu ces petites coquines. La meilleure qualité qu'on puisse trouver.

ALBUS

C'est qui, Padma ?

HARRY *regarde* ALBUS *en fronçant les sourcils.*

HARRY

Ta tante, voyons.

ALBUS

J'ai une tante Padma, moi ?

RON

(À HARRY.) Il a reçu un sortilège de Confusion en pleine tête, c'est ça ? (À ALBUS.) Ma femme, Padma. Tu te souviens ? Elle s'approche toujours un peu trop près de toi quand elle te parle et elle sent légèrement la menthe. (*Il se penche vers* ALBUS.) Padma, la mère de Panju ! (À HARRY.) C'est pour ça que je suis là. Pour Panju. Il a encore des ennuis. Je voulais simplement lui envoyer une Beuglante, mais Padma a insisté pour que je vienne en personne. Je ne sais pas pourquoi. Il se moque toujours de moi.

ALBUS

Mais… tu es marié avec Hermione.

Un temps. RON *ne comprend rien du tout.*

RON

> Hermione ? Ah non. Ooooh non. Par la barbe de Merlin !

HARRY

> Albus a aussi oublié qu'il était à Gryffondor. Ça l'arrange.

RON

> Ah oui, eh bien, désolé, mon vieux, mais tu es un Gryffondor.

ALBUS

> Comment ça se fait que je sois à Gryffondor ?

RON

> Tu as réussi à convaincre le Choixpeau magique, tu te souviens ? Panju avait parié que tu n'arriverais jamais à être envoyé à Gryffondor, même si ta vie en dépendait. Alors tu as choisi Gryffondor pour lui clouer le bec. Je ne peux pas t'en vouloir. On aimerait tous, de temps en temps, effacer son petit sourire supérieur, n'est-ce pas ? (*Soudain terrifié.*) S'il vous plaît, ne répétez jamais à Padma ce que je viens de dire.

ALBUS

> C'est qui, Panju ?

> RON *et* HARRY *regardent fixement* ALBUS.

RON

> Nom de nom, tu n'es vraiment plus toi-même ! En tout cas, il vaut mieux que j'y aille avant de recevoir une Beuglante moi-même.

> *Il s'en va d'un pas trébuchant. Il n'est plus du tout l'homme qu'on connaissait auparavant.*

ALBUS

> Mais… Tout ça n'a aucun sens.

HARRY

> Albus, je ne sais pas ce que tu veux nous faire croire, mais ça ne marchera pas. Je ne changerai pas d'avis.

ALBUS

> Papa, tu as le choix entre deux choses, ou bien tu m'emmènes à…

HARRY

Non, c'est toi qui as le choix, Albus. Ou bien tu fais ce que je te dis, ou bien tu auras des ennuis encore plus graves, beaucoup plus graves. Tu comprends ?

SCORPIUS

Albus ? Tu vas bien ? Fantastique !

HARRY

Il est complètement guéri. Et il faut qu'on y aille.

ALBUS *se tourne vers* SCORPIUS *et son cœur se brise. Mais il suit son père.*

SCORPIUS

Tu es fâché contre moi ? Qu'est-ce qui se passe ?

ALBUS *s'arrête et se tourne vers* SCORPIUS.

ALBUS

Ça a marché ? Est-ce qu'on a réussi quelque chose ?

SCORPIUS

Non… Mais… Albus…

HARRY

Albus, je ne sais pas ce que tu racontes comme bêtises, mais maintenant, il faut arrêter. Et tout de suite. C'est mon dernier avertissement.

ALBUS *paraît déchiré entre son père et son meilleur ami.*

ALBUS

Je ne peux pas, tu comprends ?

SCORPIUS

Tu ne peux pas quoi ?

ALBUS

Simplement… Il vaudra mieux qu'on ne se voie plus, d'accord ?

SCORPIUS *reste seul et regarde* ALBUS *monter l'escalier. Très triste.*

ACTE II   SCÈNE 10

POUDLARD, DANS LE BUREAU
DE LA DIRECTRICE

Le visage du PROFESSEUR McGONAGALL *exprime une grande contrariété, celui de* HARRY, *une parfaite détermination. Quant à* GINNY, *elle ne sait pas très bien où se situer.*

LE PROFESSEUR McGONAGALL

Je ne suis pas certaine que la carte du Maraudeur ait été conçue pour ce genre d'usage.

HARRY

Si vous les voyez ensemble, rejoignez-les le plus vite possible pour les séparer.

LE PROFESSEUR McGONAGALL

Harry, vous êtes sûr que c'est la bonne décision à prendre ? Loin de moi l'idée de mettre en doute la sagesse des centaures, mais Bane est plein de rancœur… Et il est bien capable de déformer la configuration des étoiles dans son propre intérêt.

HARRY

J'ai confiance en Bane. Albus doit rester à l'écart de Scorpius. Pour son propre bien et pour celui des autres.

GINNY

Je crois que ce que Harry veut dire, c'est…

HARRY *(d'un ton sans réplique)*

Le professeur McGonagall sait parfaitement ce que je veux dire.

GINNY *pose sur* HARRY *un regard qui trahit sa surprise de l'entendre lui parler sur ce ton.*

LE PROFESSEUR McGONAGALL

Albus a été examiné par tous les plus grands sorciers et sorcières du pays et personne n'a trouvé trace en lui du moindre sortilège ou du moindre maléfice.

HARRY

Mais Dumbledore a dit… Il a dit…

LE PROFESSEUR McGONAGALL

Quoi ?

HARRY

Son portrait. Nous avons parlé tous les deux. Il a dit quelque chose qui m'a fait réfléchir…

LE PROFESSEUR McGONAGALL

Dumbledore est mort, Harry. Et je vous l'ai déjà répété, les portraits ne représentent même pas la moitié de ce qu'étaient leurs modèles.

HARRY

Il a dit que l'amour me rendait aveugle.

LE PROFESSEUR McGONAGALL

Le portrait d'un ancien directeur est un souvenir. Il est censé être une sorte de soutien qui m'aide à prendre des décisions. Mais lorsque j'ai accédé à cette fonction, on m'a conseillé de ne pas confondre le portrait et la personne. Et vous seriez bien inspiré d'en faire autant.

HARRY

Pourtant, il avait raison. Je le vois bien, maintenant.

LE PROFESSEUR McGONAGALL

Harry, vous avez subi une énorme pression. La fugue d'Albus, les recherches pour le retrouver, les craintes provoquées par les douleurs de votre cicatrice. Croyez-moi lorsque je vous le dis, vous êtes en train de commettre une erreur…

HARRY

Albus ne m'aimait pas avant. Il se peut qu'il continue à ne pas m'aimer. Mais au moins, il sera en sécurité. Avec tout le respect que je vous dois, Minerva… vous n'avez pas d'enfant…

GINNY

Harry !

HARRY

… Vous ne pouvez pas comprendre.

LE PROFESSEUR McGONAGALL *(profondément blessée)*

J'aurais espéré que toute une vie consacrée à l'enseignement signifierait…

HARRY

Cette carte vous permettra de voir à tout moment où se trouve mon fils. J'attends de vous que vous en fassiez usage. Et si j'entends dire que ce n'est pas le cas… alors, je prendrai contre cette école les mesures qui s'imposent, et avec toute la sévérité possible… en mettant dans la balance les pleins pouvoirs du ministère… Me suis-je bien fait comprendre ?

LE PROFESSEUR McGONAGALL *(effarée par ces propos au vitriol)*

Parfaitement bien.

GINNY *observe* HARRY. *Elle a du mal à le reconnaître. Il ne lui rend pas son regard.*

ACTE II   SCÈNE 11

À POUDLARD, UN COURS DE DÉFENSE
CONTRE LES FORCES DU MAL

ALBUS *entre dans la salle de classe, un peu mal à l'aise.*

HERMIONE

Ah, tiens, notre évadé du train. Revenu finalement parmi nous.

ALBUS

Hermione ?

Il paraît stupéfait. HERMIONE *se tient debout devant les élèves.*

HERMIONE

Potter, il me semble qu'on m'appelle généralement professeur Granger.

ALBUS

Qu'est-ce que tu fais là ?

HERMIONE

Et on ne me tutoie pas. Ce que je fais là ? J'enseigne. Pour me punir de mes péchés, sans doute. Et vous, que faites-vous ici ? Vous venez apprendre, j'espère ?

ALBUS

Mais… vous… vous êtes ministre de la Magie.

HERMIONE

Vous avez encore rêvé, Potter ? Aujourd'hui, nous allons étudier le sortilège du Patronus.

ALBUS (*stupéfait*)

Vous êtes notre professeur de défense contre les forces du Mal ?

On entend quelques gloussements de rire.

HERMIONE

Je crois que je vais perdre patience. Dix points de moins à Gryffondor pour stupidité.

POLLY CHAPMAN (*elle se lève, scandalisée*)

Ah, non. Il le fait exprès. Il déteste Gryffondor et tout le monde le sait.

HERMIONE

Asseyez-vous, Polly Chapman, avant que les choses n'empirent. (POLLY *pousse un grand soupir puis se rassied.*) Je vous suggère de l'imiter, Albus. Et de mettre fin à cette plaisanterie.

ALBUS

Mais d'habitude, vous n'êtes pas aussi méchante que ça.

HERMIONE

Vingt points de moins à Gryffondor pour vous démontrer, Albus Potter, que je suis aussi méchante que ça.

YANN FREDERICKS

Si tu ne t'assieds pas immédiatement, Albus…

ALBUS *s'assied.*

ALBUS

Est-ce que je peux simplement dire…

HERMIONE

Non, vous ne le pouvez pas. Contentez-vous de vous taire, Potter, sinon vous allez perdre définitivement le peu de sympathie dont vous pourriez encore bénéficier de la part de vos camarades. Maintenant, quelqu'un peut-il me dire ce qu'est un Patronus ? Non ? Vraiment personne ? Vous êtes décidément bien décevants, tous.

HERMIONE *a un petit sourire pincé. Elle paraît vraiment méchante.*

ALBUS

Non. Tout ça est idiot. Où est Rose ? Elle, au moins, elle vous dira que vous êtes ridicule.

HERMIONE

Qui est Rose ? Une amie invisible ?

ALBUS

Rose Granger-Weasley ! Votre fille ! (*Il se rend soudain compte.*) Oui, bien sûr, puisque vous n'êtes pas mariée à Ron, il n'y a pas de Rose…

On entend de petits rires.

HERMIONE

Comment osez-vous ? Cinquante points de moins pour Gryffondor. Et je vous garantis que si jamais quelqu'un s'avise de m'interrompre encore une fois, ce sera cent points…

Elle promène tout autour de la salle un regard perçant. Personne ne bouge le moindre muscle.

HERMIONE

Bien. Un Patronus est un sortilège qui consiste à projeter les sentiments les plus positifs que l'on a en soi et qui prend la forme de l'animal avec lequel on se sent le plus d'affinités. C'est un don lumineux. Si vous êtes capable de produire un Patronus, vous pourrez vous protéger contre le monde extérieur. Ce qui, pour certains d'entre nous, deviendra tôt ou tard une nécessité.

ACTE II   SCÈNE 12

POUDLARD, DANS LES ESCALIERS

ALBUS *monte un escalier en regardant autour de lui.*

Il ne voit rien et sort. L'escalier se déplace presque comme s'il dansait.

SCORPIUS *entre à son tour. Il pense avoir vu* ALBUS, *mais s'aperçoit qu'il n'est pas là.*

Il se laisse tomber par terre tandis que l'escalier se déplace à nouveau comme s'il glissait sur le sol.

MADAME BIBINE *entre et monte les marches. Arrivée au sommet, elle fait signe à* SCORPIUS *de s'en aller.*

Il obéit. Et descend, sortant d'un pas traînant – son horrible solitude est manifeste.

ALBUS *entre à nouveau et monte un escalier.*

SCORPIUS *entre également et gravit d'autres marches.*

Leurs deux escaliers se rencontrent. Les deux garçons se regardent.

Perdus et pleins d'espoir – tout à la fois.

Puis ALBUS *détourne les yeux et le lien est rompu – peut-être aussi leur amitié.*

À présent, les escaliers se séparent – les deux garçons se regardent encore, l'un plein de culpabilité, l'autre de douleur – l'un et l'autre de détresse.

ACTE II   SCÈNE 13

MAISON DE HARRY ET GINNY POTTER, DANS LA CUISINE

GINNY *et* HARRY *s'observent d'un air méfiant. Il y a une dispute dans l'air et tous les deux le savent.*

HARRY

C'est la bonne décision.

GINNY

Tu parviens presque à avoir l'air convaincu.

HARRY

Tu m'as dit d'être sincère avec lui, mais en fait, j'avais besoin d'être sincère avec moi-même, j'avais besoin de faire confiance à ce que mon cœur me disait...

GINNY

Harry, tu as un des plus grands cœurs qui soient parmi tous les sorciers qui aient jamais vécu, et je ne crois pas que ton cœur t'ait dit de faire ça.

Ils entendent frapper à la porte.

GINNY

Sauvé par la porte.

Elle sort.
Un moment plus tard, DRAGO *entre, rongé de colère, mais habile à le cacher.*

DRAGO

Je ne resterai pas longtemps. Ça ira très vite.

HARRY

En quoi puis-je t'aider ?

DRAGO

Je n'ai aucune hostilité à ton égard. Mais mon fils est en larmes et je suis son père. Je viens donc te demander pourquoi tu empêches deux amis de se voir.

HARRY

Je n'empêche rien.

DRAGO

Tu as fait changer l'emploi du temps de l'école. Tu as menacé à la fois les professeurs et Albus lui-même. Pourquoi ?

HARRY *dévisage* DRAGO *avec attention, puis se détourne.*

HARRY

Je dois protéger mon fils.

DRAGO

Le protéger de Scorpius ?

HARRY

Bane m'a dit qu'il sentait un nuage noir autour d'Albus. Tout près de lui.

DRAGO

Qu'est-ce que tu veux dire par là, Potter ?

HARRY *regarde* DRAGO *droit dans les yeux.*

HARRY

Tu es sûr… vraiment sûr, que c'est ton fils, Drago ?

Il y a un silence mortel.

DRAGO

Retire immédiatement ce que tu viens de dire…

Mais HARRY *ne retire rien du tout.* DRAGO *sort alors sa baguette magique.*

HARRY

Je ne te conseille pas de faire ça.

DRAGO

Je le ferai quand même.

HARRY

Je ne te veux pas de mal, Drago.

DRAGO

Très intéressant, mais moi, justement, je te veux du mal.

Tous deux se mettent en position de combat, puis brandissent leur baguette.

DRAGO et HARRY (*en même temps*)
Expelliarmus!

Les baguettes se repoussent et reviennent entre les mains de leurs propriétaires.

DRAGO
Incarcerem!

HARRY *esquive un jet enflammé jailli de la baguette de* DRAGO.

HARRY
Tarentallegra!

DRAGO *se jette hors de la trajectoire du sortilège.*

HARRY

Tu t'es bien entraîné, Drago.

DRAGO

Mais toi, tu es devenu un peu mou, Potter. *Dentesaugmento!*

HARRY *parvient de justesse à esquiver le maléfice.*

HARRY
Rictusempra!

DRAGO *se sert d'une chaise pour se protéger du coup.*

DRAGO
Flipendo!

HARRY *est projeté dans les airs et tourne sur lui-même.* DRAGO *éclate de rire.*

DRAGO

Essaye de suivre, papy.

HARRY

Nous avons le même âge, Drago.

DRAGO

Ça se voit moins chez moi.

HARRY

Brachialigo!

DRAGO *se retrouve étroitement ligoté.*

DRAGO

C'est tout ce que tu sais faire ? *Emancipare!*

DRAGO *se dégage de ses liens.*

DRAGO

Levicorpus!

HARRY *doit se ruer hors de la ligne de tir.*

DRAGO

Mobilicorpus! C'est vraiment très amusant…

DRAGO *fait rebondir* HARRY *sur la table. Et tandis que* HARRY *roule sur lui-même pour se mettre hors de portée,* DRAGO *saute sur la table, sa baguette brandie, mais au même moment,* HARRY *lui envoie un sortilège qui atteint son but…*

HARRY

Obscuro!

DRAGO *parvient aussitôt à se débarrasser du bandeau noir qui lui a couvert les yeux.*
Les deux adversaires se préparent à un nouvel assaut. HARRY *lance une chaise.*
DRAGO *se baisse pour l'éviter et ralentit le mouvement de la chaise d'un coup de baguette magique.*

GINNY
Il y a tout juste trois minutes que j'ai quitté cette pièce !

Elle contemple l'indescriptible désordre provoqué par le duel. Elle regarde notamment les chaises suspendues dans les airs. D'un coup de baguette magique, elle les fait retomber sur le sol.

GINNY *(avec une extrême sécheresse)*
Vous pouvez me dire ce que j'ai manqué ?

ACTE II   SCÈNE 14

POUDLARD, DANS UN ESCALIER

L'air malheureux, SCORPIUS *descend des marches.*
DELPHI *arrive précipitamment de l'autre côté.*

DELPHI

Alors, techniquement, je ne devrais pas être ici.

SCORPIUS

Delphi ?

DELPHI

En fait, techniquement, comme je le dis, je représente un danger
pour notre opération tout entière… ce qui n'est pas… Enfin,
comme tu le sais, ma nature ne me pousse pas à prendre des
risques. Je ne suis jamais allée à Poudlard. La sécurité est plutôt
négligée, ici. Et puis, il y a tellement de portraits. Et tellement
de couloirs. Et les fantômes ! Celui qui est si bizarre, avec sa tête
à moitié tranchée, m'a dit où je pourrais te trouver. Incroyable,
non ?

SCORPIUS

Tu n'as jamais été à Poudlard ?

DELPHI

Je ne me portais pas très bien… quand j'étais enfant… et ça a
duré plusieurs années. D'autres y allaient, mais pas moi.

SCORPIUS

Tu étais trop… malade ? Je suis désolé, je ne savais pas.

DELPHI

Je ne l'ai jamais annoncé sur la place publique… J'aime mieux qu'on ne me considère pas comme un cas tragique, tu comprends ?

Visiblement, SCORPIUS compatit. Il lève les yeux et s'apprête à dire quelque chose, mais DELPHI se cache soudain, alors qu'un élève passe dans l'escalier. SCORPIUS essaye de prendre un air dégagé jusqu'à ce que l'élève se soit éloigné.

DELPHI

Il est parti ?

SCORPIUS

Delphi, c'est peut-être trop dangereux pour toi de rester ici.

DELPHI

Il faut bien que quelqu'un fasse quelque chose.

SCORPIUS

Rien n'a marché, nous n'avons pas réussi à modifier le passé.

DELPHI

Je sais. Albus m'a envoyé un hibou pour me prévenir. Les livres d'histoire ont changé, mais pas suffisamment. Cedric est toujours mort. En fait, quand il a raté la première tâche, il a été plus décidé que jamais à remporter la deuxième.

SCORPIUS

Et tout est allé de travers entre Ron et Hermione. Je ne sais toujours pas pourquoi.

DELPHI

C'est pour ça que Cedric devra encore attendre. Tout s'est embrouillé et tu as eu parfaitement raison de garder le Retourneur de Temps. Mais ce que je voulais dire, c'est que quelqu'un doit faire quelque chose pour vous deux.

SCORPIUS

Ah…

DELPHI

Vous êtes les meilleurs amis du monde. Dans chaque hibou qu'il m'envoie, je sens ton absence dans sa vie. C'est quelque chose qui le détruit.

SCORPIUS

Apparemment, il a trouvé une épaule sur laquelle pleurer. Combien de hiboux il t'a envoyés ?

DELPHI *a un doux sourire.*

SCORPIUS

Désolé. Ce n'est pas… je ne voulais pas dire… Simplement, je ne comprends pas ce qui se passe. J'ai essayé de le voir, de lui parler, mais à chaque fois, il me fuit.

DELPHI

Tu sais, moi, je n'avais pas de meilleure amie, à ton âge. J'en aurais voulu une. Je le voulais à tout prix. Quand j'étais plus jeune, je m'en étais même inventé une, mais…

SCORPIUS

Moi aussi, j'avais un ami imaginaire. Il s'appelait Flurry. Nous nous sommes fâchés en nous disputant sur les règles exactes du jeu de Bavboules.

DELPHI

Albus a besoin de toi, Scorpius. Et ça, c'est merveilleux.

SCORPIUS

Il a besoin de moi pour faire quoi ?

DELPHI

C'est ça l'important, non ? Quand on est amis. Tu ignores ce dont il a besoin. Tout ce que tu sais, c'est qu'il en a besoin. Va le retrouver, Scorpius. Tous les deux, vous êtes inséparables.

ACTE II   SCÈNE 15

MAISON DE HARRY ET GINNY POTTER, DANS LA CUISINE

HARRY *et* DRAGO *se tiennent à bonne distance l'un de l'autre.* GINNY *s'est placée entre eux.*

DRAGO

Désolé pour ta cuisine, Ginny.

GINNY

Oh, ce n'est pas la mienne. La plupart du temps, c'est Harry qui fait la cuisine.

DRAGO

Moi non plus, je n'arrive plus à lui parler. À Scorpius. Surtout depuis que... Astoria n'est plus là. Je ne peux même pas évoquer ce qu'il a ressenti en perdant sa mère. J'ai beau essayer de mon mieux... je ne parviens pas à établir... le contact avec lui. Tu ne peux pas parler à Albus, ni moi à Scorpius. C'est ça l'essentiel. Et non pas la prétendue malfaisance de mon fils. Tu es peut-être prêt à croire sur parole un centaure prétentieux, mais tu connais le pouvoir de l'amitié.

HARRY

Drago, quoi que tu penses...

DRAGO

Je t'ai toujours envié leur amitié, à ces deux-là – Weasley et Granger. Moi j'avais…

HARRY

Crabbe et Goyle.

DRAGO

Deux abrutis incapables de savoir dans quel sens on prend un balai. Mais vous… vous trois… vous étiez resplendissants, tu sais… On sentait que vous vous aimiez vraiment. Vous vous amusiez. Ce que je t'ai envié plus que tout, ce sont ces amitiés-là.

GINNY

Moi aussi, je les ai enviés.

HARRY *regarde* GINNY *d'un air surpris.*

HARRY

Je dois protéger Albus.

DRAGO

Mon père aussi pensait qu'il me protégeait. La plupart du temps. Mais il arrive un moment où il faut choisir ce que l'on veut être. Et je peux te dire que quand ce moment-là est arrivé, on a besoin d'un parent ou d'un ami. Alors, si on en est venu à haïr ses parents et qu'on n'a pas d'amis… on se retrouve tout seul. C'est tellement dur d'être tout seul. Moi, j'étais seul. Et c'est ça qui m'a projeté dans un monde vraiment sombre. Pendant longtemps. Tom Jedusor était également un enfant solitaire. Tu ne peux pas comprendre ça, Harry, mais moi, je le peux… Et je pense que Ginny aussi peut le comprendre.

GINNY

Il a raison.

DRAGO

Tom Jedusor, lui, n'est jamais sorti de ce monde très sombre. Et il est devenu Lord Voldemort. Peut-être que ce nuage noir qu'a vu Bane, le centaure, c'était la solitude d'Albus. Sa douleur. Sa haine. Ne perds pas le contact avec ton fils. Tu le regretterais.

Et lui également. Parce qu'il a besoin de toi, et de Scorpius aussi, qu'il le sache ou non.

HARRY *observe* DRAGO. *Il réfléchit.*
Il ouvre la bouche pour dire quelque chose, puis se ravise et replonge dans ses réflexions.

GINNY

Harry, tu t'occupes d'aller chercher la poudre de Cheminette ou c'est moi qui y vais ?

HARRY *lève les yeux vers sa femme.*

ACTE II   SCÈNE 16

POUDLARD, DANS LA BIBLIOTHÈQUE

SCORPIUS *entre dans la bibliothèque. Il regarde à droite, à gauche. Il voit alors* ALBUS. *Et* ALBUS *le voit.*

SCORPIUS
Salut.

ALBUS
Scorpius, je ne peux pas…

SCORPIUS
Je sais. Tu es à Gryffondor, maintenant. Tu ne veux plus me voir. Mais je suis quand même là. Et je te parle.

ALBUS
Moi, je ne peux pas te parler, alors…

SCORPIUS
Si, il le faut. Tu crois que tu peux simplement faire comme si rien ne s'était passé ? Le monde est en pleine folie, tu n'as pas remarqué ?

ALBUS
Je sais, merci. Ron est devenu bizarre. Hermione est professeur, tout est complètement de travers, mais…

SCORPIUS
Et Rose n'existe pas.

ALBUS

Je te répète que je le sais. Écoute, je ne comprends pas tout, mais il ne faut pas que tu sois ici…

SCORPIUS

À cause de ce qu'on a fait, Rose n'est même pas née. Tu te souviens de ce qu'on nous a raconté sur le bal de Noël, l'année du Tournoi des Trois Sorciers ? Les trois champions ont choisi chacun une partenaire. Ton père, c'était Parvati Patil, Viktor Krum a choisi…

ALBUS

Hermione. Ron était jaloux et il s'est conduit comme un crétin.

SCORPIUS

Sauf que ce n'est plus vrai. J'ai trouvé un livre que Rita Skeeter a écrit sur eux. Et l'histoire est très différente, maintenant. C'est Hermione que Ron a emmenée au bal.

ALBUS

Quoi ?

POLLY CHAPMAN

Chhhhhut…

SCORPIUS *jette un regard à* POLLY *et baisse la voix d'un ton.*

SCORPIUS

En copains. Et ils ont dansé comme des copains et c'était très bien et puis il a dansé avec Padma Patil et c'était encore mieux. À partir de là, ils ont commencé à sortir ensemble, Ron a un peu changé et ils ont fini par se marier. Pendant ce temps, Hermione est devenue…

ALBUS

Une psychopathe.

SCORPIUS

Hermione devait aller à ce bal avec Krum. Et tu sais pourquoi elle ne l'a pas fait ? Parce qu'elle soupçonnait que les deux élèves bizarres de Durmstrang qu'elle avait vus avant la première tâche avaient une responsabilité dans la disparition de la baguette de Cedric. Elle a cru que c'était nous – sur les ordres de Krum – qui avions fait échouer Cedric dans sa première tâche…

ALBUS

Waouh.

SCORPIUS

Et comme elle n'est pas allée au bal avec Krum, Ron n'a pas été jaloux. Mais justement, c'était très important qu'il soit jaloux. Sans cette jalousie, Ron et Hermione sont restés très bons amis, mais ils ne sont jamais tombés amoureux l'un de l'autre, ils ne se sont jamais mariés et n'ont *jamais eu Rose*.

ALBUS

Alors, c'est pour ça que mon père est si... Est-ce qu'il a changé, lui aussi ?

SCORPIUS

Je suis presque sûr qu'il est resté exactement le même. Il est devenu le directeur du Département de la justice magique. Il s'est marié avec Ginny. Ils ont eu trois enfants.

ALBUS

Mais pourquoi est-ce qu'il est si...

Une BIBLIOTHÉCAIRE *apparaît au fond de la salle.*

SCORPIUS

Tu m'as entendu, Albus ? Ça va bien plus loin que tes problèmes avec ton père. Selon la loi du professeur Funestar, on ne peut pas remonter dans le temps de plus de cinq heures sans conséquences graves pour le voyageur ou pour le temps lui-même. Or nous deux, on est remontés de plusieurs années. Un tout petit changement, dans un tout petit instant, crée des ondes de choc. Et nous, on a créé des ondes de choc absolument terribles. À cause de ce qu'on a fait, Rose n'est jamais née. Rose.

LA BIBLIOTHÉCAIRE

Chhhhutttt !

ALBUS *réfléchit très vite.*

ALBUS

Très bien, alors, retournons en arrière pour tout réparer. On ramènera à la fois Cedric et Rose.

SCORPIUS

Mauvaise réponse.

ALBUS

Tu as toujours le Retourneur de Temps, non ? Personne ne l'a trouvé ?

SCORPIUS *le sort de sa poche.*

SCORPIUS

Oui, mais…

ALBUS *le lui arrache des mains.*

SCORPIUS

Non. Arrête… Albus. Tu ne te rends toujours pas compte des dégâts qu'on pourrait provoquer ?

SCORPIUS *essaye de récupérer le Retourneur de Temps.* ALBUS *le repousse. Ils s'empoignent, mais ne sont pas très doués pour la bagarre.*

ALBUS

Il faut remettre les choses en ordre, Scorpius. Nous devons toujours sauver Cedric. Et Rose doit revenir. On sera plus prudents. Le professeur Funestar peut bien dire tout ce qu'il veut, fais-moi confiance, fais-nous confiance. On y arrivera, cette fois-ci.

SCORPIUS

Non, on n'y arrivera pas. Rends-moi ça, Albus ! Rends-le-moi !

ALBUS

Je ne peux pas. C'est trop important.

SCORPIUS

Oui, c'est trop important. Pour nous. On n'est pas très bons dans ce truc-là. On va encore tout faire de travers.

ALBUS

Qui dit qu'on va tout faire de travers ?

SCORPIUS

Moi, je le dis. Parce que c'est notre *spécialité*. On rate tout ce qu'on entreprend. On est nuls. Des vrais nullards, des perdants absolus. Tu ne t'en es pas encore rendu compte ?

Dans leur bagarre, ALBUS *finit par avoir le dessus et plaque* SCORPIUS *au sol.*

ALBUS

Je n'étais pas nul avant de te rencontrer.

SCORPIUS

Albus, je ne sais pas ce que tu essayes de prouver à ton père, mais ce n'est pas comme ça que tu y arriveras…

ALBUS

Je n'ai rien du tout à prouver à mon père. Tout ce que je veux, c'est sauver Cedric et sauver Rose. Sans toi pour m'en empêcher, je pourrais peut-être y arriver.

SCORPIUS

Sans moi ? Pauvre Albus Potter. Tout le monde est contre lui. Pauvre Albus Potter. Si malheureux.

ALBUS

Qu'est-ce que tu racontes ?

SCORPIUS *(explosant)*

Tu aimerais mieux vivre ma vie ? Les gens te regardent parce que ton père est le célèbre Harry Potter, le sauveur du monde des sorciers. Moi, les gens me regardent parce qu'ils pensent que mon père, c'est Voldemort. Voldemort !

ALBUS

Ne crois pas que…

SCORPIUS

Est-ce que tu peux imaginer un tout petit peu ce que je vis ? Est-ce que tu as jamais essayé ? Non. Parce que tu ne vois pas plus loin que le bout de ton nez. Parce que tu es incapable de dépasser ton histoire idiote avec ton père. Il sera toujours Harry Potter, tu n'y peux rien. Et toi, tu seras toujours son fils. Je sais que c'est dur et que les autres sont horribles avec toi, mais il faut que tu t'y habitues parce que – il y a des choses bien pires, tu comprends ?

Un temps.

Il y a eu un moment où j'étais fou de joie, quand je me suis

165

aperçu que le temps n'était plus le même, un moment où j'ai pensé que peut-être ma mère n'était pas tombée malade. Que peut-être elle n'était pas morte. Mais non, finalement, elle est bien morte. Je suis toujours le fils de Voldemort, ma mère n'est plus là, et j'essaye d'être proche de quelqu'un qui ne me donne jamais rien en retour. Alors, je suis désolé si je t'ai gâché la vie mais moi, je te le dis, tu ne pourras jamais gâcher la mienne – elle l'est déjà. Simplement, tu ne l'as pas arrangée. Parce que, comme ami, tu es effroyable – absolument effroyable.

ALBUS *doit avaler tout cela. Il voit alors ce qu'il a fait à son meilleur ami.*

LE PROFESSEUR McGONAGALL *(en coulisses)*
Albus ? Albus Potter. Scorpius Malefoy. Vous êtes ici tous les deux ensemble ? Dans ce cas, je vous conseille d'y renoncer.

ALBUS *regarde* SCORPIUS *et sort une cape de son sac.*

ALBUS
Vite. Cachons-nous.

SCORPIUS
Quoi ?

ALBUS
Scorpius, regarde-moi.

SCORPIUS
C'est la cape d'invisibilité ? Elle appartient à James, non ?

ALBUS
Si McGonagall nous trouve ensemble, elle va nous séparer à tout jamais. S'il te plaît. Je n'avais pas compris. S'il te plaît.

LE PROFESSEUR McGONAGALL *(elle s'efforce de leur donner toutes les chances de ne pas se faire prendre)*
Je m'apprête à entrer.

Le PROFESSEUR McGONAGALL *pénètre dans la salle, la carte du Maraudeur à la main. Les deux garçons disparaissent sous la cape d'invisibilité. Elle regarde autour d'elle d'un air exaspéré.*

Allons bon, où sont-ils... Je n'ai jamais voulu de cet objet et maintenant, voilà qu'il me joue des tours.

Elle réfléchit. Regarde à nouveau la carte. Elle repère l'endroit où ils pourraient être. Elle jette un coup d'œil autour de la pièce.
Des objets se déplacent tout seuls sur le passage des deux garçons devenus invisibles. Elle voit très bien où ils se dirigent et s'apprête à leur bloquer le passage, mais ils la contournent.

À moins... À moins que vous ne soyez cachés sous la cape d'invisibilité de votre père.

Encore une fois, elle regarde la carte et tourne la tête vers les deux garçons. Elle sourit.

Eh bien, si je ne peux pas vous voir, je ne vous ai pas vus, c'est tout.

Elle sort. ALBUS *et* SCORPIUS *se débarrassent de la cape. Ils restent silencieux un moment.*

ALBUS

Oui, je l'ai volée à James, c'est extrêmement facile de lui voler quelque chose, il a choisi comme code de sa valise la date où il a eu son premier balai. La cape me permet d'éviter les grosses brutes... plus facilement.

SCORPIUS *approuve d'un signe de tête.*

ALBUS

Je suis vraiment triste... pour ta mère... C'est vrai qu'on ne parle pas assez d'elle. Mais j'espère que tu le sais... que je suis triste... C'est affreux, ce qui est arrivé... pour elle et pour toi.

SCORPIUS

Merci.

ALBUS

Mon père a dit... il a dit que c'était toi, le nuage sombre autour de moi. C'est ce qu'il a pensé – et moi, j'ai tout de suite compris que je ne devais plus te voir. Sinon, mon père m'a dit qu'il...

SCORPIUS

Ton père pense que les rumeurs sont vraies – que je suis le fils de Voldemort ?

ALBUS (*acquiesçant d'un signe de tête*)

Ils sont en train de faire une enquête dans son service, au ministère.

SCORPIUS

Très bien, qu'ils enquêtent. Parfois… parfois, j'en arrive à penser… qu'ils ont peut-être raison.

ALBUS

Non. Ils n'ont pas raison du tout. Et je vais te dire pourquoi. Parce que je ne crois pas que Voldemort aurait pu avoir un fils aussi bon que toi, Scorpius. Tu es bon jusqu'au fond de tes entrailles, jusqu'au bout de tes doigts. Je suis certain que Voldemort… ne pouvait pas avoir un enfant comme toi.

Un temps. SCORPIUS *paraît très ému par ces paroles.*

SCORPIUS

Ça, c'est vraiment… c'est vraiment bien de me dire ça.

ALBUS

Et j'aurais dû te le dire il y a très longtemps. En fait, tu es la personne la plus remarquable que je connaisse. Et tu ne… tu ne pourrais jamais… jamais être un obstacle pour moi… Au contraire, tu me rends plus fort. Et quand mon père m'interdit de te voir… Sans toi, je…

SCORPIUS

Pour moi non plus, ce n'était pas très drôle de ne plus te voir.

ALBUS

Je sais que je serai toujours le fils de Harry Potter… et il faudra bien que je m'y fasse – dans ma tête. Je sais aussi que, comparé à toi, j'ai plutôt une belle vie et que lui et moi on a relativement de la chance…

SCORPIUS (*il l'interrompt*)

Albus, en matière d'excuses, on ne peut pas imaginer mieux, mais ça y est, tu recommences à parler plus de *toi* que de moi, alors autant arrêter là, pendant que tu as une longueur d'avance.

ALBUS *sourit et lui tend la main.*

ALBUS
Alors, on est amis ?

SCORPIUS
Pour toujours.

SCORPIUS *tend la main à son tour.* ALBUS *serre* SCORPIUS *contre lui.*

SCORPIUS
C'est la deuxième fois que tu fais ça.

Les deux garçons s'écartent l'un de l'autre et sourient.

ALBUS
Cette dispute aura au moins eu un avantage : elle m'a donné une très bonne idée.

SCORPIUS
À propos de quoi ?

ALBUS
À propos de la deuxième tâche. Et de l'humiliation.

SCORPIUS
Tu veux toujours retourner dans le temps ? Est-ce qu'on s'est bien compris, tout à l'heure ?

ALBUS
Tu as raison, on est des losers, on est doués pour perdre. C'est là qu'on est les meilleurs, alors on devrait utiliser notre savoir dans ce domaine. Se servir de nos propres pouvoirs. Les perdants apprennent à perdre. Et il n'y a qu'une seule méthode pour enseigner quelque chose à un loser – on est bien placés pour le savoir –, c'est l'humiliation. Il faut qu'on humilie Cedric. C'est ce qu'on va faire dans la deuxième tâche.

SCORPIUS *réfléchit pendant un bon moment. Puis il sourit.*

SCORPIUS
Très bonne stratégie.

ALBUS

Je sais.

SCORPIUS

Je veux dire très spectaculaire. Humilier Cedric pour sauver Cedric. Très intelligent. Et Rose ?

ALBUS

Ça, ce sera le cadeau surprise. Je *peux* tout faire sans toi – mais je *veux* que tu viennes avec moi –, je veux que tu sois là-bas. Parce que je veux qu'on le fasse ensemble. Qu'on soit ensemble pour remettre les choses en ordre. Alors… tu es d'accord pour venir ?

SCORPIUS

Attends un peu… Est-ce que… la deuxième tâche, c'est bien dans le lac qu'elle a eu lieu ? L'ennui, c'est qu'on n'a pas le droit de sortir de l'école elle-même.

ALBUS *a un grand sourire.*

ALBUS

Justement, à ce sujet… Il faut qu'on trouve les toilettes des filles, au premier étage.

ACTE II   SCÈNE 17

POUDLARD, DANS UN ESCALIER

RON *descend l'escalier, l'air très absorbé. Il voit alors* HERMIONE *et, en un instant, son expression se transforme complètement.*

RON

Professeur Granger.

HERMIONE *lui jette un coup d'œil et on sent que son cœur se met à battre un peu plus fort (mais bien sûr, elle ne l'avouerait jamais).*

HERMIONE

Ron ? Qu'est-ce que tu fais là ?

RON

Panju a eu des ennuis au cours de potions. Il a voulu faire le malin, comme d'habitude, et il a mélangé ce qu'il ne fallait pas avec ce qu'il ne fallait pas. Maintenant, il n'a plus de sourcils mais une grande moustache. Ce qui ne lui va pas du tout. Je ne voulais pas venir mais Padma dit que, quand il s'agit de système pileux sur le visage, les fils ont besoin de leur père. Tu as changé de coiffure ?

HERMIONE

J'ai dû me peigner, sans doute.

RON

Alors, ça te va bien de te peigner.

HERMIONE *regarde* RON *d'une manière un peu étrange.*

HERMIONE

Ron, tu vas arrêter de me regarder comme ça ?

RON *(rassemblant tout son courage)*

Tu sais, le fils de Harry, Albus. Il m'a dit l'autre jour qu'il pensait que toi et moi, on était… mariés. Ha, ha ! Ha. Ha. Ridicule, je sais.

HERMIONE

Complètement ridicule.

RON

Il croyait même qu'on avait eu une fille, tous les deux. Ce serait étrange, non ?

Tous les deux se fixent du regard. HERMIONE *est la première à détourner les yeux.*

HERMIONE

Plus qu'étrange.

RON

Je suis bien d'accord. Nous sommes… amis, c'est tout.

HERMIONE

Absolument. Amis… Rien de plus.

RON

Rien de plus que… amis. Un drôle de mot… ami. Enfin, pas si drôle que ça. C'est un simple mot. Ami. Ami. Des drôles d'amis. Toi, tu es ma drôle d'amie, mon Hermione. Entendons-nous, quand je dis « mon Hermione », tu comprends ce que ça signifie. Tu n'es pas MON Hermione – tu n'es pas à MOI –, tu le sais bien, mais…

HERMIONE

Je sais, je sais.

Il y a un moment de silence. Tous deux restent parfaitement immobiles. Ce moment est trop important pour laisser place au moindre mouvement. Puis RON *toussote.*

RON

Bon, il faut que j'y aille. Que je tire Panju d'affaire. Je dois lui enseigner l'art d'entretenir sa moustache.

Il s'éloigne, puis se retourne. Il fixe HERMIONE *des yeux, elle lui rend son regard et il s'éloigne à nouveau en toute hâte.*

RON

Ta coiffure te va vraiment très bien.

ACTE II SCÈNE 18

POUDLARD,
DANS LE BUREAU DE LA DIRECTRICE

Le PROFESSEUR McGONAGALL *est seule sur scène. Elle examine la carte du Maraudeur et fronce les sourcils. D'un coup de baguette magique, elle tapote la carte. Visiblement, elle vient de prendre une bonne décision et se sourit à elle-même.*

LE PROFESSEUR McGONAGALL
Méfait accompli.

On entend un raclement sonore.
Toute la scène semble vibrer.
GINNY *est la première à surgir dans la cheminée. Puis, c'est le tour de* HARRY.

GINNY
Bonjour, professeur. Encore une arrivée peu flatteuse pour la dignité.

LE PROFESSEUR McGONAGALL
Les Potter. Vous êtes de retour. Et vous avez fini par abîmer définitivement mon tapis.

HARRY
Je veux voir mon fils. Nous voulons le voir.

LE PROFESSEUR McGONAGALL

Harry, j'ai réfléchi et j'ai décidé de ne pas m'en mêler. Vous pouvez toujours me menacer, je…

HARRY

Minerva, je viens ici faire la paix, pas la guerre. Je n'aurais jamais dû vous parler comme ça.

LE PROFESSEUR McGONAGALL

Je n'ai pas à interférer dans les amitiés et je crois…

HARRY

Je tiens à vous présenter des excuses, à vous et aussi à Albus, vous voulez bien me donner cette chance ?

DRAGO *arrive à son tour dans la cheminée, accompagné d'une explosion de suie.*

LE PROFESSEUR McGONAGALL

Drago ?

DRAGO

Il a besoin de voir son fils et moi, j'ai besoin de voir le mien.

HARRY

Comme je vous le disais – la paix – pas la guerre.

Le PROFESSEUR McGONAGALL *l'observe avec intensité et la sincérité qu'exprime son visage lui paraît convaincante. Elle reprend la carte du Maraudeur dans la poche de sa robe et la déplie.*

LE PROFESSEUR McGONAGALL

La paix est une chose à laquelle je peux sans nul doute participer.

Elle tapote la carte avec sa baguette magique. Puis elle soupire.

Je jure solennellement que mes intentions sont mauvaises.

La carte s'anime.

Eh bien, ils sont ensemble.

DRAGO

Dans les toilettes des filles du premier étage. Qu'est-ce qu'ils peuvent bien faire là-bas ?

ACTE II   SCÈNE 19

POUDLARD,
DANS LES TOILETTES DES FILLES

SCORPIUS *et* ALBUS *entrent dans les toilettes. Au centre, il y a un grand lavabo de l'époque victorienne.*

SCORPIUS

Bon, je récapitule… Le plan, c'est de lancer un sortilège d'Engorgement…

ALBUS

Oui. Passe-moi ce savon si tu veux bien…

SCORPIUS *pêche un savon dans le lavabo.*

ALBUS

Amplificatum !

Un éclair de feu jaillit de sa baguette. Le savon devient quatre fois plus gros.

SCORPIUS

Joli. Je suis engorgé d'admiration.

ALBUS

La deuxième tâche avait lieu dans le lac. Les concurrents devaient récupérer quelque chose qu'on leur avait volé, et ce qu'on leur avait volé…

SCORPIUS

C'étaient des personnes qu'ils aimaient.

ALBUS

Cedric s'est servi d'un sortilège de Têtenbulle pour traverser le lac à la nage. Il nous suffit de le suivre dans l'eau et de lui jeter un sortilège d'Engorgement pour le faire enfler. On sait que le Retourneur ne nous laisse pas beaucoup de temps pour agir, nous devrons donc être rapides. Trouver Cedric, lui envoyer un sortilège d'Engorgement en pleine tête et le regarder remonter à la surface – loin de sa tâche, loin de la compétition…

SCORPIUS

Mais… tu ne m'as toujours pas dit comment arriver jusqu'au lac…

Brusquement, un jet d'eau jaillit du lavabo, suivi de l'apparition d'une MIMI GEIGNARDE *ruisselante.*

MIMI GEIGNARDE

Waouh. Ça fait du bien. Avant, je n'aimais pas trop ça. Mais quand on arrive à mon âge, on se contente de ce qu'on peut…

SCORPIUS

Bien sûr… Tu es un génie… Mimi Geignarde…

MIMI GEIGNARDE *se précipite sur* SCORPIUS.

MIMI GEIGNARDE

Comment tu m'as appelée ? Est-ce que je geins, moi ? Je suis en train de geindre, là, en ce moment ? Hein ? *Vous m'entendez geindre ?*

SCORPIUS

Non, non, ce n'est pas ce que je voulais dire…

MIMI GEIGNARDE

Comment je m'appelle ?

SCORPIUS

Mimi.

MIMI GEIGNARDE

Pas Mimi ! Myrtle ! Mon nom, c'est Myrtle Elizabeth Warren – un très joli nom –, mon nom. Et je ne suis pas geignarde.

SCORPIUS

Bon...

MIMI GEIGNARDE (en pouffant de rire)

Il y a un bout de temps que ce n'était pas arrivé. Des garçons. Dans mes toilettes pour filles. Bien sûr, ce n'est pas convenable... Mais enfin, j'ai toujours eu un faible pour les Potter. Et j'aimais bien les Malefoy aussi, mais plus modérément. Alors, qu'est-ce que je peux faire pour vous deux ?

ALBUS

Tu étais là, Myrtle – dans le lac. On parle de toi dans des livres. Il doit bien y avoir un moyen de sortir de ces tuyaux.

MIMI GEIGNARDE

Je suis allée partout. Mais vous pensez à quel endroit en particulier ?

ALBUS

La deuxième tâche. La tâche qui a eu lieu dans le lac. Pendant le Tournoi des Trois Sorciers. Il y a vingt-cinq ans. Avec Harry et Cedric.

MIMI GEIGNARDE

C'est tellement dommage que le plus beau ait dû mourir. Je ne veux pas dire que ton père n'est pas beau... Mais Cedric Diggory. Vous seriez étonnés de savoir combien de filles j'ai entendu prononcer des formules d'amour ici même, dans ces toilettes... Et les larmes quand il a été emporté !

ALBUS

Aide-nous, Myrtle. Aide-nous à plonger dans le lac.

MIMI GEIGNARDE

Vous croyez que je peux vous aider à remonter le temps ?

ALBUS

Il faut absolument que tu gardes un secret.

MIMI GEIGNARDE

J'adore les secrets. Je ne le révélerai à personne. Croix de bois, croix de fer, si je meurs, je vais en enfer. Ou enfin, l'équivalent... Pour les fantômes...

ALBUS *fait un signe de tête à* SCORPIUS, *qui sort le Retourneur de Temps.*

ALBUS

Avec ça, on peut voyager dans le temps. Tu vas nous aider à passer par les tuyaux. Et on sauvera la vie de Cedric Diggory.

MIMI GEIGNARDE (*avec un grand sourire*)

Ça m'a l'air amusant.

ALBUS

Et on n'a pas de temps à perdre.

MIMI GEIGNARDE

Ce lavabo, justement. Son tuyau d'évacuation arrive directement dans le lac. C'est contraire à tous les règlements mais cette école a toujours été vétuste. Plongez dedans et vous vous retrouverez droit dans le lac.

ALBUS *se hisse dans le lavabo, laissant tomber sa cape dans le mouvement.* SCORPIUS *l'imite.*
ALBUS *donne à* SCORPIUS *un sac contenant des feuilles vertes.*

ALBUS

Un peu pour toi, un peu pour moi.

SCORPIUS

De la Branchiflore ? On va prendre de la Branchiflore ? Pour respirer sous l'eau ?

ALBUS

Exactement comme l'a fait mon père. Tu es prêt ?

SCORPIUS

Rappelle-toi, cette fois-ci, on ne doit pas se laisser surprendre par le temps.

ALBUS

Cinq minutes, on n'a pas droit à plus, avant d'être ramenés dans le présent.

SCORPIUS
Dis-moi que tout ira bien.

ALBUS (*il a un large sourire*)
Tout ira parfaitement bien. Tu es prêt ?

ALBUS *avale la Branchiflore et disparaît dans le lavabo.*

SCORPIUS
Non, Albus – Albus…

Il lève les yeux. MIMI GEIGNARDE *et lui sont seuls, à présent.*

MIMI GEIGNARDE
J'aime les garçons courageux.

SCORPIUS (*un peu effrayé, un tout petit peu courageux*)
Alors je suis absolument prêt. Pour tout ce qui doit arriver.

Il avale à son tour la Branchiflore et s'engouffre dans les tuyaux.
MIMI GEIGNARDE *se retrouve seule sur scène.*
Une immense clarté balaye la scène. Un grand fracas retentit.
Et le temps s'arrête. Il se retourne, semble réfléchir un instant, et commence à revenir en arrière…
Les deux garçons ont disparu.
HARRY *surgit alors en courant, le front plissé d'inquiétude. Il est suivi de* DRAGO, *de* GINNY *et du* PROFESSEUR McGONAGALL.

HARRY
Albus… Albus…

GINNY
Il n'est plus là.

Ils trouvent par terre les capes des deux garçons.

LE PROFESSEUR McGONAGALL (*elle consulte la carte*)
Il a disparu. Non, il est à l'extérieur de l'école, mais il se déplace sous terre. Maintenant, il a complètement disparu…

DRAGO
Comment arrive-t-il à faire ça ?

MIMI GEIGNARDE
Il se sert d'un petit truc assez mignon.

HARRY

Mimi !

MIMI GEIGNARDE

Oups ! Je me suis fait prendre. Et pourtant, j'ai tout essayé pour
être sûre qu'on ne me voie pas. Bonjour, Harry. Bonjour, Drago.
Alors, vous avez encore fait des bêtises ?

HARRY

De quel petit truc il s'est servi ?

MIMI GEIGNARDE

Je crois que c'était un secret, mais je n'ai jamais rien pu te
cacher, Harry. Comment tu fais pour être de plus en plus beau
en prenant de l'âge ? Et tu as grandi aussi.

HARRY

Mon fils est en danger. J'ai besoin de ton aide. Qu'est-ce qu'ils
fabriquent, tous les deux ?

MIMI GEIGNARDE

Ton fils, il est parti sauver la vie d'un très beau garçon. Un certain Cedric Diggory.

HARRY comprend tout de suite ce qu'il se passe et en est horrifié.

LE PROFESSEUR McGONAGALL

Mais Cedric Diggory est mort il y a de nombreuses années…

MIMI GEIGNARDE

Apparemment, ton fils est convaincu qu'il peut arranger ça. Il
est très sûr de lui, Harry, exactement comme toi.

HARRY

Il a entendu ma conversation avec… Amos Diggory… Est-ce
qu'il aurait réussi à se procurer le Retourneur de Temps du ministère ? Non, c'est impossible.

LE PROFESSEUR McGONAGALL

Le ministère a un Retourneur de Temps ? Je croyais qu'on les
avait détruits ?

MIMI GEIGNARDE

Oh, là, là ! Tout le monde fait des bêtises !

DRAGO

Quelqu'un pourrait-il m'expliquer ce qu'il se passe ?

HARRY

Albus et Scorpius ne sont pas en train de disparaître et réapparaître ici ou là. Ils voyagent. Ils voyagent dans le temps.

ACTE II   SCÈNE 20

LE TOURNOI DES TROIS SORCIERS, LE LAC, 1995

LUDO VERPEY

Mesdames et messieurs, jeunes hommes, jeunes filles, je vous demande d'applaudir le grand... le fabuleux... le seul... et unique TOURNOI DES TROIS SORCIERS !
Si vous êtes élèves de Poudlard, je veux vous entendre !

Des acclamations enthousiastes s'élèvent de la foule.
À présent, ALBUS et SCORPIUS nagent dans les eaux du lac. Ils évoluent vers les profondeurs avec aisance et grâce.

LUDO VERPEY

Si vous êtes élèves de Durmstrang, je veux aussi vous entendre.

D'autres acclamations enthousiastes retentissent.

ET SI VOUS ÊTES ÉLÈVES DE BEAUXBÂTONS, CRIEZ À VOTRE TOUR.

Les acclamations sont un peu moins molles qu'au moment de la première tâche.

LUDO VERPEY

Ah, les Français commencent à s'y mettre.

Et ils sont partis… Viktor s'est transformé en requin, bien sûr, Fleur est resplendissante, Harry toujours hardi a fait usage de Branchiflore, l'intelligent Harry, très intelligent – et Cedric – eh bien, Cedric, quelle merveille, mesdames et messieurs, Cedric se sert d'un sortilège de Têtenbulle pour traverser le lac.

CEDRIC DIGGORY s'approche d'eux. Il nage avec une bulle autour de la tête. ALBUS et SCORPIUS lèvent leur baguette d'un même mouvement et lancent un sortilège d'Engorgement qui jaillit dans l'eau.
CEDRIC se tourne vers eux, sans comprendre. Le sortilège le frappe de plein fouet. Autour de lui, l'eau brille d'une teinte dorée.
CEDRIC commence alors à enfler, et à enfler, et à enfler encore davantage.
Il jette autour de lui un regard de panique totale. Les deux garçons, ALBUS et SCORPIUS, suivent des yeux l'ascension de CEDRIC qui remonte irrésistiblement vers la surface.

Mais non, qu'est-ce que… Cedric Diggory sort de l'eau et il semble même qu'il sorte de la compétition. Oh, là, là, mesdames et messieurs, nous n'avons pas encore de gagnant, mais nous avons à coup sûr un perdant. Cedric Diggory se transforme en ballon de baudruche, un ballon qui cherche à s'envoler. À s'envoler, mesdames et messieurs. S'envoler loin de sa tâche et loin du tournoi. Oh, ça devient de plus en plus fou, il y a maintenant autour de Cedric des feux d'artifice qui explosent en déclarant : « Ron aime Hermione » ! Et la foule semble beaucoup s'amuser – mesdames et messieurs, regardez l'expression de Cedric Diggory. Voilà quelque chose qui mérite d'être vu, quel spectacle, quelle vision, c'est une sorte de tragédie. Une véritable humiliation, je ne trouve pas d'autre mot pour qualifier ce qui se passe sous nos yeux !

Dans l'eau du lac, ALBUS a un grand sourire et claque la paume de la main de SCORPIUS.
ALBUS pointe le doigt vers le haut, SCORPIUS approuve d'un signe de tête et ils se mettent à nager vers la surface. Tandis que CEDRIC s'élève dans les airs, le public commence à rire et tout se transforme.
Le monde s'assombrit. En fait, il devient presque noir.

Puis il y a un éclair. Et une forte détonation. Le Retourneur de Temps s'arrête dans un dernier tic-tac. Nous sommes de retour dans le présent.
SCORPIUS *émerge soudain, jaillissant de l'eau. Il est triomphant.*

SCORPIUS

Waououououou-ouououh !

Il jette alors un regard alentour et paraît surpris. Où est ALBUS ? *Il lève les bras en l'air.*

On a réussi !

Il attend encore un instant.

Albus ?

ALBUS *n'émerge toujours pas.* SCORPIUS *avance dans l'eau en pataugeant, réfléchit un instant, puis replonge dans le lac.*
Il remonte de nouveau à la surface. À présent, il est pris de panique. Il lance de tous côtés des regards affolés.

Albus… ALBUS… ALBUS !…

On entend alors un murmure en Fourchelang. Le murmure se répand très vite autour du public. Il arrive. Il arrive. Il arrive.

DOLORES OMBRAGE

Scorpius Malefoy. Sortez du lac. Allons, sortez du lac. Immédiatement.

Elle le tire hors de l'eau.

SCORPIUS

Mademoiselle, j'ai besoin d'aide. S'il vous plaît. Mademoiselle.

DOLORES OMBRAGE

Mademoiselle ? Je suis le professeur Ombrage, la directrice de votre école. Je ne suis pas « mademoiselle ».

SCORPIUS

Vous êtes la directrice ? Mais je…

DOLORES OMBRAGE

Je suis la directrice. Et quelle que soit l'importance de votre famille, cela ne vous donne pas le droit de traînailler n'importe où en faisant des bêtises.

SCORPIUS

Il y a un élève dans le lac. Il faut chercher du secours. J'essaye de retrouver mon ami, mademoiselle. Professeur. Madame la directrice. Un élève de Poudlard, mademoiselle. Je cherche Albus Potter.

DOLORES OMBRAGE

Potter ? Albus Potter ? Il n'y a aucun élève de ce nom dans cette école. D'ailleurs, il n'y a plus eu de Potter à Poudlard depuis des années. Et ce garçon a très mal tourné. Ne repose pas trop en paix, Harry Potter, repose plutôt dans un éternel désespoir. Il ne créait que des ennuis.

SCORPIUS

Harry Potter est mort ?

Soudain, venant de partout, on sent un souffle de vent. Des robes noires s'élèvent autour du public. Des robes noires qui deviennent des silhouettes. Et les silhouettes deviennent des Détraqueurs.
Des Détraqueurs volant dans toute la salle. Ces formes noires, mortelles, ces forces noires, ces forces de mort. Elles sont terrifiantes. Et elles aspirent l'âme du lieu.
Le vent continue de souffler. C'est l'enfer. Puis, du fond de la salle, un murmure s'insinue, se répand autour de chacun. Des paroles sont prononcées d'une voix reconnaissable entre toutes. La voix de VOLDEMORT...
Haaarry Pottttter...
Le rêve de Harry est devenu réalité.

DOLORES OMBRAGE

Auriez-vous avalé quelque chose de bizarre dans ce lac ? Vous êtes-vous transformé en Sang-de-Bourbe sans qu'on s'en aperçoive ? Harry Potter est mort il y a plus de vingt ans, pendant un coup de force raté contre l'école. Il faisait partie de ces terroristes de Dumbledore que nous avons courageusement vaincus à la bataille de Poudlard. Maintenant, venez avec moi. Je ne sais pas à quel jeu vous jouez, mais vous perturbez les

Détraqueurs et vous êtes en train de gâcher complètement la fête de Voldemort.

Le murmure en Fourchelang devient de plus en plus sonore. Et même monstrueusement sonore. Des bannières géantes, ornées de symboles représentant des serpents, descendent sur la scène.

SCORPIUS
La fête de Voldemort ?

Le noir se fait dans la salle.

FIN DE LA PREMIÈRE PARTIE

DEUXIÈME PARTIE

DEUXIÈME PARTIE

ACTE III

ACTE III   SCÈNE I

POUDLARD, DANS LE BUREAU
DE LA DIRECTRICE

SCORPIUS *entre dans le bureau de* DOLORES OMBRAGE. *Il est vêtu d'une robe de sorcier plus sombre, plus noire. Son visage a une expression pensive. On le sent aux aguets, tendu comme un ressort.*

DOLORES OMBRAGE

Scorpius. Merci beaucoup d'être venu me voir.

SCORPIUS

Madame la directrice.

DOLORES OMBRAGE

Scorpius, je pense depuis longtemps que vous avez l'étoffe d'un préfet en chef, comme vous le savez. Vous avez le sang pur, un sens inné du commandement, vous êtes un merveilleux athlète…

SCORPIUS

Un athlète ?

DOLORES OMBRAGE

Inutile d'être modeste, Scorpius. Je vous ai vu sur le terrain de Quidditch, il n'y a pas beaucoup de Vifs d'or qui vous échappent. Vous êtes un élève très estimé. Estimé par tous les professeurs et par moi-même en particulier. Je n'ai pas tari d'éloges sur vous dans les dépêches que j'ai envoyées à l'Augurey. Le travail que nous avons accompli ensemble pour éjecter les élèves les plus dilettantes a fait de cette école un endroit plus sûr – plus pur.

SCORPIUS
Vraiment ?

On entend un hurlement en coulisses. SCORPIUS *se tourne vers l'origine du bruit. Il se ravise cependant. Il doit absolument se contrôler.*

DOLORES OMBRAGE
Mais pendant les trois jours qui se sont écoulés depuis que je vous ai retrouvé dans ce lac lors de la fête de Voldemort, vous êtes devenu… de plus en plus étrange. En particulier, cette soudaine obsession au sujet de Harry Potter…

SCORPIUS
Je ne…

DOLORES OMBRAGE
Vous n'arrêtez pas de poser des questions à tout le monde sur la bataille de Poudlard. Sur la façon dont Potter est mort. Sur les raisons de sa mort. Et puis, cette fascination ridicule pour Cedric Diggory. Scorpius, nous vous avons examiné pour voir si vous n'étiez pas victime d'un sortilège ou d'un maléfice. Nous n'avons rien trouvé. Alors, je vous demande : y a-t-il quelque chose que je puisse faire pour… restaurer celui que vous étiez…

SCORPIUS
Non, non. Vous pouvez me considérer comme restauré. Il s'agissait d'une aberration temporaire. Rien de plus.

DOLORES OMBRAGE
Nous pouvons donc poursuivre notre travail en commun ?

SCORPIUS
Nous le pouvons.

DOLORES OMBRAGE *pose une main sur son cœur et croise ses poignets.*

DOLORES OMBRAGE
Pour Voldemort Brave et Fort.

SCORPIUS *(essayant de l'imiter)*
Pour… heu, c'est ça, oui.

ACTE III SCÈNE 2

À L'EXTÉRIEUR DE POUDLARD

KARL JENKINS
Hé, Scorpion Roi.

On salue SCORPIUS *en lui claquant la paume de la main, ce qui est pénible pour lui, mais il fait bonne figure.*

YANN FREDERICKS
Alors, ça marche toujours pour demain soir ?

KARL JENKINS
Parce qu'on est prêts à leur faire cracher leurs tripes, aux Sang-de-Bourbe.

POLLY CHAPMAN
Scorpius.

POLLY CHAPMAN *se tient derrière lui, sur les marches de l'entrée.* SCORPIUS *se tourne vers elle, surpris de l'entendre prononcer son nom.*

SCORPIUS
Polly Chapman ?

POLLY CHAPMAN
On peut se parler franchement ? Tout le monde attend de savoir à qui tu vas demander d'y aller avec toi parce qu'il faut bien que tu demandes à quelqu'un. Moi, j'ai déjà eu trois propositions et

je sais que je ne suis pas la seule à les refuser toutes. Au cas où
– tu comprends – ce serait à moi que tu demanderais.

SCORPIUS

Ah, oui.

POLLY CHAPMAN

Ce qui serait formidable. Si tu es intéressé. Et d'après la rumeur
– il paraît que oui. Je veux simplement te dire clairement – tout
de suite – que moi aussi, je suis intéressée. Et ça, ce n'est pas une
rumeur. C'est un F-A-I-T, un fait.

SCORPIUS

Ça me paraît, heu… très bien, mais… on parle de quoi, là ?

POLLY CHAPMAN

Du bal du Sang, bien sûr. Qui tu vas emmener au bal du Sang,
toi, le Scorpion Roi.

SCORPIUS

Et toi, Polly Chapman, tu voudrais que je t'emmène à un… bal ?

Un hurlement retentit derrière lui.

SCORPIUS

Qu'est-ce que c'est que ce cri ?

POLLY CHAPMAN

Des Sang-de-Bourbe, bien sûr. Dans les cachots. C'était ton
idée, non ? Qu'est-ce qui t'arrive, tout d'un coup ? Oh, par Potter,
j'ai encore du sang sur mes chaussures…

*Elle se penche en avant et nettoie soigneusement le sang qui macule
ses chaussures.*

POLLY CHAPMAN

Comme le répète l'Augurey, c'est à nous de construire notre
avenir – alors, me voilà, je construis un avenir – avec toi. Pour
Voldemort Brave et Fort.

SCORPIUS

Pour Voldemort, c'est ça.

POLLY s'éloigne. SCORPIUS *la regarde avec une expression de douleur.
Qu'est-ce que c'est que ce monde ? Et quel rôle y joue-t-il ?*

ACTE III   SCÈNE 3

MINISTÈRE DE LA MAGIE,
DANS LE BUREAU DU DIRECTEUR
DU DÉPARTEMENT DE LA JUSTICE MAGIQUE

DRAGO *est impressionnant. Jamais encore nous ne l'avions vu ainsi. Une odeur de pouvoir se dégage de lui. Flottant des deux côtés de la pièce, des drapeaux de l'Augurey représentent l'oiseau dans un style fasciste.*

DRAGO

Tu es en retard.

SCORPIUS

C'est ton bureau ?

DRAGO

Tu es en retard et tu ne me présentes aucune excuse. Peut-être as-tu l'intention d'aggraver le problème ?

SCORPIUS

Tu es directeur de la Justice magique ?

DRAGO

Comment oses-tu ? Comment oses-tu me mettre dans l'embarras, me laisser attendre et ne même pas t'excuser ?

SCORPIUS

Désolé.

DRAGO

Père.

SCORPIUS

Désolé, père.

DRAGO

Je ne t'ai pas élevé pour t'encourager à la désinvolture, Scorpius. Je ne t'ai pas élevé pour que tu m'infliges une humiliation à Poudlard.

SCORPIUS

Une humiliation, père ?

DRAGO

Harry Potter, poser des questions sur Harry Potter, quoi de plus embarrassant ? Comment oses-tu déshonorer le nom des Malefoy ?

SCORPIUS

Oh non ! C'est toi le responsable ? Non, non. Ce n'est pas possible.

DRAGO

Scorpius…

SCORPIUS

Dans *La Gazette du sorcier* d'aujourd'hui, un article raconte que trois sorciers ont fait sauter des ponts pour voir combien de Moldus ils pouvaient tuer d'un seul coup. C'est toi qui fais ça ?

DRAGO

Prends bien garde à ce que tu dis.

SCORPIUS

Les camps de la mort pour les Sang-de-Bourbe, la torture, les opposants brûlés vifs. Quelle est ta part de responsabilité là-dedans ? Maman m'a toujours dit que tu étais meilleur que je ne le voyais, mais en fait, ce que tu es vraiment, c'est ça ? Un assassin, un tortionnaire, un…

DRAGO *se lève et tire brutalement* SCORPIUS *contre son bureau. Sa violence est surprenante, meurtrière.*

DRAGO

N'invoque pas son nom en vain, Scorpius. N'essaie pas de marquer des points contre moi en te servant d'elle. Elle mérite mieux que cela.

SCORPIUS *ne répond rien. Il est horrifié, terrifié.* DRAGO *le voit dans l'expression de son visage. Il lâche la tête de* SCORPIUS. *Visiblement, il n'aime pas faire de mal à son fils.*

DRAGO

Non, ces imbéciles qui font sauter des Moldus, je n'en suis pas responsable, même si c'est à moi que l'Augurey demandera de calmer le Premier ministre moldu en lui versant de l'or… Ta mère t'a vraiment dit ça de moi ?

SCORPIUS

Elle m'a dit que grand-père ne l'aimait pas beaucoup, qu'il s'était opposé à cette union, qu'elle avait trop de sympathie pour les Moldus, qu'elle était trop faible – mais que tu avais bravé son opinion pour l'épouser quand même. Elle disait que c'était l'acte le plus courageux qu'elle ait jamais vu.

DRAGO

Avec ta mère, il était très facile d'être courageux.

SCORPIUS

Mais c'était… un autre toi.

Il regarde son père, qui fronce les sourcils en lui rendant son regard.

SCORPIUS

J'ai fait du mal, tu as fait pire. Que sommes-nous devenus, papa ?

DRAGO

Nous ne sommes rien devenus – nous sommes simplement ce que nous sommes.

SCORPIUS

Les Malefoy. La famille sur laquelle on peut toujours compter pour rendre le monde plus ténébreux.

Cette remarque fait mouche et DRAGO *observe son fils avec intensité.*

DRAGO

Cette affaire, à l'école – qu'est-ce qui l'a provoquée ?

SCORPIUS

Je ne veux pas être ce que je suis.

DRAGO

Et comment en es-tu venu à penser ça ?

SCORPIUS *réfléchit désespérément pour trouver un moyen de raconter son histoire.*

SCORPIUS

Je me suis vu moi-même d'une autre façon.

DRAGO

Tu sais ce que j'aimais le plus, chez ta mère ? C'est qu'elle m'aidait toujours à trouver une lumière dans l'obscurité. Elle faisait du monde – de mon monde en tout cas – quelque chose de moins… quel mot as-tu employé ? Moins « ténébreux ».

SCORPIUS

Vraiment ?

DRAGO *dévisage son fils.*

DRAGO

Elle est plus présente en toi que je ne le pensais.

Un temps. Il examine soigneusement SCORPIUS.

DRAGO

Quoi que tu fasses, ne mets pas ta vie en danger. Je ne veux pas te perdre, toi aussi.

SCORPIUS

Oui, père.

DRAGO *observe son fils une dernière fois – essayant de comprendre ce qu'il se passe dans sa tête.*

DRAGO

Pour Voldemort Brave et Fort.

SCORPIUS *lui lance un regard, puis sort de la pièce.*

SCORPIUS

Pour Voldemort Brave et Fort.

ACTE III   SCÈNE 4

POUDLARD, DANS LA BIBLIOTHÈQUE

SCORPIUS *pénètre dans la bibliothèque et se met à chercher frénétiquement parmi les volumes alignés sur les étagères. Il trouve enfin un livre d'histoire.*

SCORPIUS

Comment Cedric a pu devenir un Mangemort ? Qu'est-ce qui m'a échappé ? Trouvez-moi… une lumière dans l'obscurité.

CRAIG BOWKER JR

Qu'est-ce que tu viens faire ici ?

SCORPIUS *se retourne vers un* CRAIG BOWKER JR *qui semble effaré. Ses vêtements sont usés et effilochés.*

SCORPIUS

Pourquoi je ne pourrais pas être là ?

CRAIG BOWKER JR

Ce n'est pas encore prêt. Je travaille aussi vite que possible. Mais le professeur Rogue est tellement exigeant et je suis obligé d'écrire le devoir de deux manières différentes. Enfin, je ne me plains pas, hein ?… Désolé.

SCORPIUS

Attends, tu veux bien recommencer ? Depuis le début. Qu'est-ce qui n'est pas prêt ?

CRAIG BOWKER JR

Ton devoir de potions. Je suis très content de le faire – et même reconnaissant. Je sais que tu détestes les devoirs et les livres et je ne t'ai jamais laissé tomber, tu le sais bien.

SCORPIUS

Je déteste les devoirs ?

CRAIG BOWKER JR

Tu es le Scorpion Roi. Bien sûr que tu détestes les devoirs. Pourquoi tu as une *Histoire de la magie* à la main ? Tu veux aussi que je te fasse ce devoir-là ?

Un temps. SCORPIUS *observe* CRAIG *un moment, puis s'éloigne.* CRAIG *sort.*
Quelques instants plus tard, SCORPIUS *revient, les sourcils froncés.*

SCORPIUS

Il a bien dit « Rogue » ?

ACTE III   SCÈNE 5

POUDLARD, DANS LA SALLE DES COURS DE POTIONS

SCORPIUS *se précipite dans la classe où ont lieu les cours de potions et referme la porte en la claquant.* SEVERUS ROGUE *lève la tête vers lui.*

ROGUE

On ne vous a jamais appris à frapper avant d'entrer, mon garçon ?

SCORPIUS *regarde* ROGUE, *un peu essoufflé, un peu incertain, mais aussi un peu exultant.*

SCORPIUS

Severus Rogue. C'est un honneur.

ROGUE

Professeur Rogue suffira. Vous pouvez toujours vous comporter comme un roi dans cette école, Malefoy, mais cela ne signifie pas que nous sommes tous vos sujets.

SCORPIUS

C'est vous qui détenez la réponse…

ROGUE

Très flatteur pour moi. Si vous avez quelque chose à dire, mon garçon, je vous en prie, dites-le… Sinon, refermez la porte derrière vous quand vous sortirez.

SCORPIUS

J'ai besoin de votre aide.

ROGUE

Je suis là pour servir.

SCORPIUS

Seulement, voilà, je ne sais pas de quelle aide j'ai… besoin. Vous êtes toujours agent double ? Vous travaillez toujours en secret pour Dumbledore ?

ROGUE

Dumbledore ? Dumbledore est mort. Et le travail que je faisais pour lui n'avait rien de secret – j'enseignais dans son école.

SCORPIUS

Non. Vous ne faisiez pas que cela. Vous étiez chargé de surveiller les Mangemorts pour son compte. Vous étiez son conseiller. Tout le monde pensait que vous l'aviez assassiné, mais en fait – vous le souteniez. Vous avez sauvé le monde.

ROGUE

Vous formulez des allégations bien périlleuses, mon garçon. Et ne pensez pas que le fait de porter le nom de Malefoy m'empêchera de vous infliger une punition.

SCORPIUS

Et si je vous disais qu'il existe un autre monde – un monde dans lequel Voldemort a été vaincu à la bataille de Poudlard, remportée par Harry Potter et l'armée de Dumbledore, qu'en penseriez-vous… ?

ROGUE

Je penserais que les rumeurs qui circulent à Poudlard selon lesquelles le bien-aimé Scorpion Roi est en train de perdre la raison sont parfaitement fondées.

SCORPIUS

Un Retourneur de Temps a été volé. C'est moi qui l'ai volé. Avec Albus. Nous avons essayé de ramener Cedric Diggory d'entre les morts, en revenant au moment de sa mort. Nous avons essayé de l'empêcher de remporter le Tournoi des Trois Sorciers. Mais en faisant cela, nous l'avons transformé en quelqu'un de presque entièrement différent.

ROGUE

C'est Harry Potter qui a remporté le Tournoi des Trois Sorciers.

SCORPIUS

Normalement, il n'aurait pas dû le gagner seul. Cedric devait partager la victoire avec lui. Mais nous l'avons éliminé du tournoi en lui infligeant une humiliation. Le résultat de cette humiliation, c'est qu'il est devenu un Mangemort. Je n'arrive pas à savoir ce qu'il a fait à la bataille de Poudlard – s'il a tué quelqu'un ou quoi… en tout cas, il a fait quelque chose qui a tout changé.

ROGUE

Cedric Diggory a tué un seul sorcier et pas un des plus importants : Neville Londubat.

SCORPIUS

Ah, bien sûr, c'est ça ! Le professeur Londubat était censé tuer Nagini, le serpent de Voldemort. Il fallait que Nagini meure avant que Voldemort puisse mourir à son tour. C'est donc ça ! Vous avez l'explication ! Cedric a été détruit, à cause de nous. Et plus tard, il a tué Neville, ce qui a permis à Voldemort de remporter la victoire. Vous comprenez ? Vous comprenez ?

ROGUE

Je comprends surtout que c'est un petit jeu à la Malefoy. Sortez d'ici avant que je n'alerte votre père et que je vous plonge dans les ennuis jusqu'au cou.

SCORPIUS *réfléchit, puis il abat sa dernière carte, dans une tentative désespérée.*

SCORPIUS

Vous étiez amoureux de sa mère. Je ne me souviens pas de tout, mais je sais que vous aimiez sa mère. La mère de Harry. Lily. Je sais que vous avez passé des années à jouer un double jeu. Je sais que, sans vous, la guerre n'aurait jamais été gagnée. Comment pourrais-je savoir tout cela si je n'avais pas vu l'autre monde… ?

ROGUE, *bouleversé, ne répond rien.*

Seul Dumbledore était au courant, n'est-ce pas ? Et quand vous l'avez perdu, vous avez dû vous sentir si seul. Je sais que vous êtes un homme bien. Harry Potter a même dit à son fils que vous étiez un grand homme.

ROGUE *examine* SCORPIUS, *ne sachant pas très bien ce qu'il se passe. Est-ce un piège ? Il est sérieusement désorienté.*

ROGUE

Harry Potter est mort.

SCORPIUS

Pas dans le monde qui est le mien. Il a dit que vous étiez l'homme le plus courageux qu'il ait jamais rencontré. Il connaissait, vous comprenez – il connaissait votre secret, ce que vous avez fait pour Dumbledore. Et il vous admirait à cause de cela... il vous admirait énormément. C'est pourquoi il a donné à son fils – mon meilleur ami – vos deux prénoms, celui de Dumbledore et le vôtre. Albus Severus Potter.

ROGUE *est interloqué. Et profondément ému.*

SCORPIUS

S'il vous plaît... Pour Lily, pour le monde, aidez-moi !

ROGUE *réfléchit et s'approche de* SCORPIUS *en sortant sa baguette magique.* SCORPIUS *recule d'un pas, effrayé.* ROGUE *lance alors avec sa baguette un trait de feu en direction de la porte.*

ROGUE

Collaporta !

Une serrure invisible se met en place et ROGUE *va ouvrir une trappe dissimulée au fond de la salle.*

Alors, venez...

SCORPIUS

Une simple question... Nous allons où, exactement ?

ROGUE

Il nous a fallu déménager très souvent. Chaque fois que nous nous installions quelque part, l'endroit était détruit. En passant par ici, nous allons arriver dans une pièce cachée parmi les racines du Saule cogneur.

SCORPIUS

D'accord et c'est qui, « nous » ?

ROGUE

Oh, vous verrez.

ACTE III   SCÈNE 6

LA PIÈCE OÙ SE TIENT LE QG DE CAMPAGNE

SCORPIUS *se trouve plaqué contre une table par une* HERMIONE *éblouissante. Ses vêtements sont délavés, son regard flamboie, c'est une véritable guerrière, à présent, et ce rôle lui va plutôt bien.*

HERMIONE

Un seul geste et tu auras une grenouille à la place du cerveau et des bras en caoutchouc.

ROGUE

Il est sûr. On peut avoir confiance. (*Un temps.*) Tu sais bien que tu n'as jamais su écouter. Tu étais une élève horriblement ennuyeuse et tu es tout aussi ennuyeuse en étant… ce que tu es aujourd'hui.

HERMIONE

J'étais une excellente élève.

ROGUE

Tu étais entre le passable et le moyen. Je te répète qu'il est de notre côté !

SCORPIUS

C'est vrai, Hermione.

HERMIONE *regarde* SCORPIUS *d'un air toujours aussi méfiant.*

HERMIONE

La plupart des gens m'appellent Granger. Et je ne crois pas un mot de ce que tu dis, Malefoy.

SCORPIUS

Tout est de ma faute. Ma faute. Et celle d'Albus.

HERMIONE

Albus ? Albus Dumbledore ? Qu'est-ce qu'Albus Dumbledore vient faire là-dedans ?

ROGUE

Ce n'est pas de Dumbledore qu'il parle. Il vaudrait mieux que tu sois assise pour entendre ça.

RON arrive en courant, les cheveux hérissés d'épis, ses vêtements dépenaillés. Il est un peu moins convaincant qu'HERMIONE dans le genre rebelle.

RON

Rogue, quel honneur ! (*Il voit alors* SCORPIUS *et s'alarme aussitôt.*) Qu'est-ce qu'il fait là, lui ?

Il sort maladroitement sa baguette magique.

RON

Je suis armé – et très dangereux. Alors, je te conseille fortement de…

Il s'aperçoit qu'il tient sa baguette à l'envers et la remet à l'endroit.

… de faire très attention.

ROGUE

On peut lui faire confiance, Ron.

RON lance un regard à HERMIONE qui approuve d'un signe de tête.

RON

Heureusement, par Dumbledore.

ACTE III   SCÈNE 7

LA PIÈCE OÙ SE TIENT LE QG DE CAMPAGNE

HERMIONE *s'est assise et examine de près le Retourneur de Temps, pendant que* RON *essaye de digérer tout ce qu'il vient d'apprendre.*

RON

Alors, vous êtes en train de me raconter que toute l'histoire de ces dernières années a été déterminée par le sort de... Neville Londubat. C'est un peu délirant.

HERMIONE

C'est la vérité, Ron.

RON

D'accord. Et vous en êtes sûrs parce que...

HERMIONE

Parce qu'il en sait beaucoup sur Rogue – et sur nous tous. Il n'aurait jamais pu...

RON

Il a peut-être une excellente intuition ?

SCORPIUS

Pas du tout. Vous pouvez m'aider ?

RON

Nous sommes les seuls à pouvoir le faire. L'armée de Dumbledore a considérablement rétréci depuis sa grande époque. En fait, nous sommes à peu près les seuls qui restent, mais nous avons continué le combat. En nous cachant sous leur nez. En faisant de notre mieux pour leur chatouiller les narines. Granger est recherchée par la police. Et moi aussi.

ROGUE (*ironique*)

Moins recherché.

HERMIONE

Pour que je comprenne bien : cet autre monde… avant que vous ne vous en mêliez ?

SCORPIUS

Dans ce monde-là, Voldemort n'existe plus. Tué pendant la bataille de Poudlard. Harry est directeur de la Justice magique. Et vous, vous êtes ministre de la Magie.

HERMIONE *se fige, surprise par cette nouvelle. Elle lève les yeux et sourit.*

HERMIONE

Je suis ministre de la Magie ?

RON (*qui ne veut pas être en reste*)

Magnifique. Et moi, qu'est-ce que je fais ?

SCORPIUS

Vous vous occupez du magasin de farces pour sorciers facétieux.

RON

Très bien, alors, elle, elle est ministre de la Magie et moi, je dirige… une boutique de farces et attrapes ?

SCORPIUS *observe* RON *qui paraît blessé.*

SCORPIUS

Vous vous occupez surtout d'élever vos enfants.

RON

Génial. J'imagine que leur mère est une beauté.

SCORPIUS (*rougissant*)

Bah… heu… Ça dépend de ce que vous pensez de… En fait, tous les deux, vous avez, disons, des enfants – ensemble. Une fille et un garçon.

HERMIONE *et* RON *semblent stupéfaits.*

Vous êtes mariés. Amoureux. Enfin, tout ça, quoi. Ça vous a secoués aussi, la dernière fois que vous l'avez su. Quand vous étiez professeur de défense contre les forces du Mal et que Ron avait épousé Padma. Vous êtes *toujours* surpris quand on vous annonce que vous êtes mariés.

HERMIONE *et* RON *s'observent l'un l'autre puis détournent les yeux.* RON, *alors, regarde à nouveau* HERMIONE. *Il se racle la gorge à plusieurs reprises. Avec de moins en moins de conviction à chaque fois.*

HERMIONE

Ferme la bouche quand tu me regardes, Weasley.

RON *obéit. Mais il reste déboussolé.*

HERMIONE

Et… Rogue ? Qu'est-ce qu'il fait dans cet autre monde ?

ROGUE

Je suis mort, sans doute.

Il regarde SCORPIUS *dont les traits du visage s'affaissent.* ROGUE *a un mince sourire.*

ROGUE

Tu semblais un peu trop étonné de me voir. Comment suis-je mort ?

SCORPIUS

Courageusement.

ROGUE

Qui m'a tué ?

SCORPIUS

Voldemort.

ROGUE

Très contrariant.

Un silence s'installe pendant lequel ROGUE *assimile la nouvelle.*

ROGUE

Enfin, j'imagine que le fait d'avoir été tué par le Seigneur des Ténèbres en personne apporte une certaine gloire.

HERMIONE

Je suis désolée, Severus.

ROGUE *se tourne vers elle, puis ravale sa douleur. D'un signe de tête, il montre* RON.

ROGUE

Au moins, je ne suis pas marié avec lui.

HERMIONE

Quel sortilège avez-vous utilisé ?

SCORPIUS

Expelliarmus pour la première tâche et l'Engorgement pour la deuxième.

RON

Un simple charme du Bouclier devrait arranger ça dans les deux cas.

ROGUE

Et ensuite, vous êtes partis ?

SCORPIUS

Oui, le Retourneur de Temps nous a ramenés dans le présent. C'est ça l'ennui… Ce Retourneur de Temps… ne permet de rester que cinq minutes dans le passé.

HERMIONE

Et avec celui-là aussi, on ne peut se déplacer que dans le temps, pas dans l'espace ?

SCORPIUS

Oui, oui, c'est ça… heu… on revient à l'endroit même où on se trouvait.

HERMIONE

Intéressant.

ROGUE *et* HERMIONE *savent tous deux ce que cela signifie.*

ROGUE

Dans ce cas, j'irai tout seul avec ce garçon.

HERMIONE

Sans vouloir t'offenser, Rogue, je ne me fierais à personne d'autre que moi… c'est trop important.

ROGUE

Hermione, tu es la rebelle la plus recherchée du monde des sorciers. Pour faire ça, tu devras sortir. Quand es-tu sortie la dernière fois ?

HERMIONE

Il y a très longtemps, mais…

ROGUE

Si on te découvre dehors, les Détraqueurs t'embrasseront – ils aspireront ton âme…

HERMIONE

Severus, j'en ai assez de vivoter au jour le jour et de tenter des coups de force voués à l'échec. Voilà enfin notre chance de remettre le monde d'aplomb.

Elle adresse un signe de tête à RON *qui déroule une carte.*

HERMIONE

La première tâche du tournoi a eu lieu à la lisière de la Forêt interdite. On va là-bas et on remonte le temps jusqu'à ce moment-là, on bloque le sortilège et on revient en toute sécurité. Avec la plus grande précision. Il est très possible d'y parvenir et nous n'aurons pas besoin de nous montrer au-dehors dans le temps présent. Ensuite, nous remonterons à nouveau les années, nous irons au bord du lac et nous inverserons le cours de la deuxième tâche.

ROGUE

Tu prends tous les risques…

HERMIONE

Si on réussit cette mission, Harry survit, Voldemort est tué et l'Augurey disparaît. Pour arriver à ce résultat, aucun risque n'est trop grand. Mais je suis désolée que cela te coûte si cher.

ROGUE

Il est parfois des coûts dont on doit supporter la charge.

Tous deux échangent un regard. ROGUE *fait un signe de tête,* HERMIONE *lui répond par un même hochement de tête.*

ROGUE

Est-ce que je ne viens pas de citer Dumbledore ?

HERMIONE (*avec un sourire*)

Non, je suis sûre que c'est du pur Rogue.

Elle se tourne vers SCORPIUS *et lui montre du doigt le Retourneur de Temps.*

HERMIONE

Malefoy.

SCORPIUS *le lui apporte. Elle le regarde, toujours souriante, impatiente de se servir à nouveau de l'objet, et de s'en servir dans un tel but.*

HERMIONE

Espérons que ça va marcher.

Elle prend le Retourneur de Temps qui se met à vibrer, puis explose dans un mouvement violent, tempétueux.
Une immense clarté balaye la scène. Un grand fracas retentit.
Et le temps s'arrête. Il se retourne, semble réfléchir un instant, et commence à revenir en arrière, lentement au début…
Dans un éclair et une déflagration, le groupe disparaît.

ACTE III   SCÈNE 8

EN LISIÈRE DE LA FORÊT INTERDITE, 1994

Nous voyons se rejouer l'épisode de la première partie, mais cette fois-ci en fond de scène et non pas au premier plan. Nous reconnaissons ALBUS *et* SCORPIUS, *vêtus de leurs robes de Durmstrang. Et nous entendons à nouveau le « brillant » (toujours selon lui)* LUDO VERPEY.

SCORPIUS, HERMIONE, RON *et* ROGUE *regardent avec angoisse.*

LUDO VERPEY

Cedric Diggory est entré en scène. Et il semble prêt. Effrayé, mais prêt. Il esquive d'un côté. Il esquive de l'autre. Les filles se pâment en le voyant plonger pour se protéger. Elles crient toutes en même temps : « Ne faites pas de mal à notre Diggory, monsieur le dragon ! » Cedric contourne le dragon par la gauche et plonge droit devant. Il prépare sa baguette magique.

ROGUE

Ça prend trop de temps. Le Retourneur de Temps s'est mis en mouvement.

LUDO VERPEY

Qu'est-ce que nous mijote ce beau jeune homme si courageux ?

Au moment où ALBUS *essaye de désarmer Cedric,* HERMIONE *bloque son sortilège.* ALBUS *regarde sa baguette, consterné, ne comprenant pas pourquoi sa tentative a échoué.*

Le Retourneur de Temps se déclenche alors. SCORPIUS, HERMIONE, RON *et* ROGUE *le regardent et sont pris de panique en sentant qu'il les aspire.*

LUDO VERPEY

Un chien… Il a métamorphosé une pierre en chien ! Le dynamique Diggory délègue un dogue de diversion pour dragon.

ACTE III   SCÈNE 9

EN LISIÈRE DE LA FORÊT INTERDITE

Ils sont revenus de leur voyage dans le temps, en lisière de la forêt, et RON *éprouve une intense douleur.* ROGUE *jette un coup d'œil autour de lui, comprenant immédiatement la gravité de leur situation.*

RON

Hooo… Houuuuu… aïïïïïe…

HERMIONE

Ron… Ron ! Qu'est-ce que tu as ?

ROGUE

Oh, non ! Je le savais.

SCORPIUS

Le Retourneur de Temps a fait quelque chose à Albus aussi. La première fois que nous sommes revenus du passé.

RON

Il était temps… aïe… de le signaler.

ROGUE

Nous sommes à découvert. Il faut partir. Tout de suite.

HERMIONE

Ron, tu peux encore marcher, viens…

217

RON *se relève, hurlant de douleur.* ROGUE *brandit sa baguette.*

SCORPIUS

Ça a marché ?

HERMIONE

On a neutralisé le sortilège. Cedric a gardé sa baguette en main. Oui. Ça a marché.

ROGUE

Mais nous sommes revenus au mauvais endroit. Nous sommes à l'extérieur. Vous êtes à l'extérieur.

RON

Il faut de nouveau utiliser le Retourneur de Temps – pour nous enfuir.

ROGUE

Nous devons trouver un refuge. Nous sommes terriblement exposés.

Soudain, tout autour du théâtre, on sent le souffle d'un vent glacé. Des robes noires s'élèvent autour du public. Des robes noires qui deviennent des silhouettes noires. Et les silhouettes deviennent des Détraqueurs.

HERMIONE

Trop tard.

ROGUE

C'est un désastre.

HERMIONE *(elle comprend ce qu'elle a à faire)*

C'est moi qu'ils cherchent, pas vous.

Ron, je t'aime et je t'ai toujours aimé. Mais vous devez fuir, tous les trois. Allez-y. Tout de suite.

RON

Quoi ?

SCORPIUS

Quoi ?

RON

On pourrait d'abord parler de cette histoire d'amour ?

HERMIONE

Nous sommes encore dans le monde de Voldemort. Et j'en ai assez. Inverser le résultat de la prochaine tâche changera tout.

SCORPIUS

Mais ils vont vous embrasser. Ils vont aspirer votre âme.

HERMIONE

Et vous transformerez le passé. Donc, ils ne l'aspireront pas. Allez-y. Tout de suite.

Les Détraqueurs sentent leur présence. De tous côtés, des silhouettes descendent en poussant des hurlements.

ROGUE

Allez ! On y va.

Il tire SCORPIUS *par le bras.* SCORPIUS *le suit à contrecœur.* HERMIONE *regarde* RON.

HERMIONE

Tu es censé partir avec eux.

RON

Tu sais, moi aussi, ils me cherchent un peu, et puis j'ai vraiment très mal. En fait, je préfère rester ici. *Spero...*

Alors qu'il veut prendre sa baguette pour lancer le sortilège, HERMIONE *retient son bras.*

HERMIONE

Arrêtons-les ici et donnons à ce garçon la meilleure chance possible.

RON *la regarde et approuve tristement d'un signe de tête.*

HERMIONE

Une fille.

RON

Et un fils. Ça aussi, c'est une idée qui me plaisait bien.

Il jette un coup d'œil autour de lui. Il connaît le sort qui l'attend.

RON

J'ai peur.

HERMIONE

Embrasse-moi.

RON *réfléchit un instant, puis il l'embrasse. Tous deux sont alors arrachés l'un à l'autre. Et plaqués à terre. Puis nous voyons une sorte de brume blanchâtre et dorée s'élever de leurs corps. Leur âme est aspirée. C'est une vision terrifiante.*
SCORPIUS *les observe – impuissant.*

ROGUE

Allons vers le lac. Marche. Ne cours pas.

ROGUE *regarde* SCORPIUS.

ROGUE

Reste calme, Scorpius. Même s'ils sont aveugles, ils sentent ta peur.

SCORPIUS *regarde* ROGUE.

SCORPIUS

Ils viennent d'aspirer leur âme.

Un Détraqueur fond sur eux et s'arrête devant SCORPIUS.

ROGUE

Pense à autre chose, Scorpius. Occupe-toi l'esprit.

SCORPIUS

J'ai froid. Je ne vois plus rien. Il y a comme un brouillard en moi – autour de moi.

ROGUE

Tu es un roi et je suis un professeur. Ils n'attaqueront que s'ils ont un bon motif. Pense à ceux que tu aimes, pense aux raisons pour lesquelles tu fais tout ça.

SCORPIUS

J'entends ma mère. Elle a besoin de moi, de mon aide, mais elle sait que je ne peux pas… l'aider.

ROGUE

Écoute-moi, Scorpius, pense à Albus. Tu es prêt à donner ton royaume pour Albus, n'est-ce pas ?

SCORPIUS *est impuissant. Dévoré par ce que le Détraqueur lui fait ressentir.*

ROGUE

Une personne. Il suffit d'une personne. Je n'ai pas pu sauver Harry pour Lily. Alors, maintenant, je me mets au service de la cause en laquelle elle croyait. Et il est bien possible que j'aie commencé à y croire moi-même.

SCORPIUS *sourit à* ROGUE. *D'un pas décidé, il s'écarte du Détraqueur.*

SCORPIUS

Le monde change et nous changeons avec lui. Ma situation est meilleure dans ce monde. Mais le monde n'est pas meilleur. Et ce n'est pas ce que je veux.

Soudain, DOLORES OMBRAGE *surgit devant eux.*

DOLORES OMBRAGE

Professeur Rogue !

ROGUE

Professeur Ombrage.

DOLORES OMBRAGE

Avez-vous entendu la nouvelle ? Nous avons attrapé cette traîtresse de Sang-de-Bourbe, Hermione Granger. Elle était simplement là-bas.

ROGUE

C'est… formidable.

DOLORES *regarde fixement* ROGUE. *Il soutient son regard.*

DOLORES OMBRAGE

Avec vous. Granger était avec vous.

ROGUE

Avec moi ? Vous vous trompez.

DOLORES OMBRAGE

Avec vous et Scorpius Malefoy. Un élève qui m'inquiète de plus en plus.

SCORPIUS

Heu…

ROGUE

Dolores, nous sommes en retard pour le cours, si vous voulez bien nous excuser…

DOLORES OMBRAGE

Si vous êtes en retard pour le cours, comment se fait-il que vous n'ayez pas pris la direction de l'école ? Pourquoi allez-vous vers le lac ?

Il y a un moment de silence absolu. Puis ROGUE *fait quelque chose de totalement inhabituel : il sourit.*

ROGUE

Depuis combien de temps avez-vous des soupçons ?

DOLORES OMBRAGE *s'élève au-dessus du sol. Elle ouvre grands les bras, pénétrée des forces du Mal. Elle sort sa baguette magique.*

DOLORES OMBRAGE

Des années. Et j'aurais dû agir beaucoup plus tôt.

ROGUE *est plus rapide qu'elle avec sa baguette.*

ROGUE

Depulso !

DOLORES OMBRAGE *est précipitée en arrière, flottant dans les airs.*

ROGUE

Elle a toujours été trop théâtrale, ça ne lui a pas réussi. Et maintenant, on ne peut plus reculer.

Le ciel devient encore plus noir autour d'eux.

ROGUE

Spero Patronum !

ROGUE *produit un Patronus qui a la forme d'une magnifique biche de couleur blanche.*

SCORPIUS

Une biche ? Le Patronus de Lily.

ROGUE

Étrange, n'est-ce pas ? Ce qui te vient de l'intérieur.

Des Détraqueurs commencent à apparaître tout autour d'eux. ROGUE *sait ce que cela signifie.*

ROGUE

Il faut que tu coures. Je vais les tenir à distance aussi longtemps que je le pourrai.

SCORPIUS

Merci d'être ma lumière dans l'obscurité.

ROGUE *le regarde, tout en lui est héroïque. Il sourit doucement.*

ROGUE

Dis à Albus… dis à Albus Severus… que je suis fier qu'il porte mon prénom. Maintenant, vas-y. Allez !

La biche regarde SCORPIUS, *et se met à courir.* SCORPIUS *réfléchit un instant puis court après elle, tandis qu'alentour le monde devient de plus en plus effrayant. Un hurlement à glacer le sang s'élève d'un côté. Il voit le lac et se jette dedans.*

ROGUE *se prépare.*

Il est violemment projeté au sol puis propulsé haut dans les airs lorsque son âme lui est arrachée. Les hurlements semblent alors se multiplier. La biche tourne ses beaux yeux vers lui, avant de disparaître.

Il y a une détonation et un éclair de lumière. Enfin, c'est le silence. Un silence de plus en plus épais.

Tout est si calme, si paisible, si parfaitement tranquille.

SCORPIUS *remonte alors à la surface. Il respire profondément. Il regarde autour de lui. Sa respiration devient saccadée, paniquée. Il lève les yeux vers le ciel. Un ciel qui apparaît, sans nul doute, beaucoup plus bleu qu'avant.*

ALBUS *remonte à son tour à la surface. Il y a un silence.* SCORPIUS *se contente de regarder* ALBUS, *incrédule. Les deux garçons remplissent puis vident leurs poumons en même temps.*

ALBUS

Waouh !

SCORPIUS

Albus !

ALBUS

On l'a échappé belle ! Tu as vu cet homme-sirène ? Le type avec le… et cette chose avec la… Waouh !

SCORPIUS

Albus, c'est toi !

ALBUS

En tout cas, c'était bizarre – j'ai cru voir Cedric qui commençait à enfler et, tout d'un coup, il a dégonflé. Je t'ai regardé et tu avais ta baguette à la main…

SCORPIUS

Tu ne peux pas savoir quel bien ça fait de te revoir.

ALBUS

Tu m'as vu il y a deux minutes.

SCORPIUS *serre* ALBUS *contre lui dans l'eau, un exercice passablement difficile.*

SCORPIUS

Il s'est passé beaucoup de choses depuis ce moment-là.

ALBUS

Attention. Tu vas me noyer. Comment tu es habillé ?

SCORPIUS

Comment je suis habillé ? (*Il enlève sa cape.*) Et toi, comment tu es habillé ? Ouais ! Tu portes la robe de Serpentard.

ALBUS

Ça a marché ? On a réussi à faire quelque chose ?

SCORPIUS

Non. Et c'est magnifique.

ALBUS *le regarde – incrédule.*

ALBUS

Quoi ? On a tout raté ?

SCORPIUS

Oui. OUI. ET C'EST FANTASTIQUE.

À grands gestes, il fait gicler l'eau autour de lui. ALBUS *se hisse sur la rive.*

ALBUS

Scorpius, tu as encore mangé trop de bonbons ?

SCORPIUS

Toujours le même – l'humour pince-sans-rire, typiquement albusien. J'adore.

ALBUS

Maintenant, je commence vraiment à m'inquiéter…

HARRY *apparaît et se précipite au bord de l'eau. Suivi de près par* DRAGO, GINNY *et le* PROFESSEUR McGONAGALL.

HARRY

Albus. Albus, ça va ?

SCORPIUS (*fou de joie*)

Harry ! C'est Harry Potter ! Et Ginny. Et le professeur McGonagall. Et papa. Mon père. Salut. Papa.

DRAGO

Bonjour, Scorpius.

ALBUS

Vous êtes tous là.

GINNY

Et Mimi nous a tout dit.

ALBUS

Qu'est-ce qui se passe ?

LE PROFESSEUR McGONAGALL

C'est vous qui revenez d'un voyage dans le temps. Racontez-nous donc.

SCORPIUS *comprend tout de suite ce qu'ils savent.*

SCORPIUS

Oh, non. Oh, là, là ! Où il est ?

ALBUS

On revient d'où ?

SCORPIUS
Je l'ai perdu ! J'ai perdu le Retourneur de Temps.

ALBUS *(il regarde* SCORPIUS *d'un air profondément contrarié)*
Tu as perdu quoi ?

HARRY
Le moment est peut-être venu de cesser la comédie, Albus.

LE PROFESSEUR McGONAGALL
Je crois que vous avez quelques explications à nous donner.

ACTE III   SCÈNE 10

POUDLARD, DANS LE BUREAU
DE LA DIRECTRICE

DRAGO, GINNY *et* HARRY *se tiennent debout derrière* SCORPIUS *et* ALBUS *qui affichent un air contrit. Le* PROFESSEUR McGONAGALL *fulmine.*

LE PROFESSEUR McGONAGALL

Alors, récapitulons : vous êtes sortis illégalement du Poudlard Express, vous vous êtes introduits par effraction au ministère de la Magie, vous avez pris tout seuls la décision d'apporter des transformations dans le passé, ce qui a eu pour conséquence de faire disparaître deux personnes…

ALBUS

Je suis d'accord, ce n'est pas très brillant.

LE PROFESSEUR McGONAGALL

Et votre réaction, après la disparition de Hugo et de Rose Granger-Weasley, a été de remonter à nouveau le temps. Mais, cette fois, au lieu de perdre deux personnes, vous en avez perdu un nombre considérable, vous avez tué votre père – et, en agissant ainsi, vous avez ressuscité le pire sorcier que le monde ait jamais connu. Et provoqué l'avènement d'une nouvelle ère de domination des forces du Mal. *(Sèchement.)* Vous avez raison, monsieur Potter, ce n'est pas très brillant. Avez-vous conscience de l'étendue de votre stupidité ?

SCORPIUS
Oui, professeur.

ALBUS
Oui.

HARRY
Professeur, si je puis me permettre…

LE PROFESSEUR McGONAGALL
Vous ne pouvez pas vous permettre. Les choix que vous décidez de faire en tant que parents vous regardent, mais ici, c'est mon école, et ce sont mes élèves. Alors, c'est moi qui choisirai la punition qui leur sera infligée.

DRAGO
Ça paraît juste.

HARRY *regarde* GINNY *qui hoche la tête.*

LE PROFESSEUR McGONAGALL
Je devrais vous expulser, mais *(avec un coup d'œil à* HARRY*)* tout bien considéré, je pense qu'il serait plus sûr pour vous de rester sous ma surveillance. Vous serez donc en retenue pendant – disons, le reste de l'année. Pas de Noël pour vous. Vous pouvez oublier toute idée de sortie à Pré-au-Lard, et cela à titre définitif. Mais ce n'est qu'un début…

Soudain, HERMIONE *surgit. Pleine d'énergie et de résolution.*

HERMIONE
Qu'est-ce que j'ai manqué ?

LE PROFESSEUR McGONAGALL *(féroce)*
On considère généralement comme une forme de courtoisie de frapper à la porte avant d'entrer dans une pièce, Hermione Granger, c'est peut-être cela que vous avez manqué.

HERMIONE *(s'apercevant qu'elle a dépassé les bornes)*
Ah.

LE PROFESSEUR McGONAGALL
Si je pouvais aussi vous donner une retenue, madame la ministre, je le ferais. Conserver un Retourneur de Temps, quelle stupidité !

HERMIONE

Pour ma défense…

LE PROFESSEUR McGONAGALL

Et dans une bibliothèque. Vous l'avez conservé dans une bibliothèque. C'en est presque risible.

HERMIONE

Minerva. (*Elle prend une inspiration.*) Professeur McGonagall…

LE PROFESSEUR McGONAGALL

Vos enfants n'existaient plus !

HERMIONE *ne trouve rien à répondre.*

LE PROFESSEUR McGONAGALL

C'est arrivé dans mon école, sous ma direction. Après tout ce que Dumbledore a fait, je ne pourrais plus supporter de me regarder dans une glace…

HERMIONE

Je sais.

Le PROFESSEUR McGONAGALL *consacre quelques instants à reprendre contenance.*

LE PROFESSEUR McGONAGALL (*à* ALBUS *et* SCORPIUS)

Votre intention de sauver Cedric était honorable, sinon avisée. Et il semble que vous ayez fait preuve de bravoure, Scorpius, vous aussi, Albus, mais la leçon que votre père lui-même a souvent négligé de retenir, c'est que la bravoure n'excuse pas la bêtise. Il faut toujours réfléchir. Réfléchir à ce qui est possible. Un monde dominé par Voldemort est…

SCORPIUS

Un monde atroce.

LE PROFESSEUR McGONAGALL

Vous êtes si jeunes. (*Elle regarde successivement* HARRY, DRAGO, GINNY *et* HERMIONE.) Vous êtes tous si jeunes. Vous n'avez aucune idée de la noirceur des guerres entre sorciers. Vous vous êtes montrés irresponsables avec un monde qui doit son existence et sa durée au lourd sacrifice consenti par certains d'entre nous – parmi lesquels quelques-uns de mes plus chers amis et des vôtres.

ALBUS

Oui, professeur.

SCORPIUS

Oui, professeur.

LE PROFESSEUR McGONAGALL

Allez. Sortez. Tous autant que vous êtes. Et retrouvez-moi ce Retourneur de Temps.

ACTE III   SCÈNE 11

POUDLARD, DANS LE DORTOIR
DE SERPENTARD

ALBUS *est assis dans sa chambre.* HARRY *entre et regarde son fils. Il est rempli de colère mais fait attention de ne pas la laisser déborder.*

HARRY
Merci de m'avoir permis de monter ici.

ALBUS *se détourne et acquiesce d'un signe de tête. Lui aussi fait très attention.*

Jusqu'à présent, impossible de retrouver le Retourneur de Temps. Ils négocient avec les êtres de l'eau pour pouvoir draguer le fond du lac.

Il s'assied dans une position inconfortable.

Elle est agréable, cette chambre.

ALBUS
Le vert est une couleur apaisante, tu ne trouves pas ? Bien sûr, les chambres de Gryffondor sont aussi très bien, très belles, mais l'ennui avec le rouge, c'est que – on dit que ça rend un peu fou – sans vouloir dénigrer personne…

HARRY

Tu peux m'expliquer ce qui t'a pris de vouloir faire ça ?

ALBUS

J'ai cru que je pourrais… changer les choses – je pensais que Cedric… enfin quoi, c'est injuste.

HARRY

Bien sûr que c'est injuste, Albus, tu crois que je ne le sais pas ? J'étais là. Je l'ai vu mourir. Mais agir de cette manière… prendre tous ces risques…

ALBUS

Je sais.

HARRY (*ne parvenant plus à maîtriser sa colère*)

Si tu as essayé de m'imiter, tu t'y es très mal pris. Moi, je n'ai jamais été volontaire pour vivre des aventures, j'y ai été forcé. Tu as fait quelque chose d'insensé – quelque chose de vraiment stupide et de vraiment dangereux –, quelque chose qui aurait pu tout détruire.

ALBUS

Je sais. D'accord, je sais.

Un temps. ALBUS *essuie une larme,* HARRY *le remarque et reprend son souffle. Il fait machine arrière, évitant d'aller trop loin.*

HARRY

Moi aussi, j'ai eu tort – de penser que Scorpius était le fils de Voldemort. Le nuage noir, ce n'est pas lui.

ALBUS

Non.

HARRY

J'ai mis sous clé la carte du Maraudeur. Tu ne la verras plus. Ta mère a laissé ta chambre dans l'état exact où elle était quand tu t'es enfui – tu sais ça ? Elle ne m'a pas autorisé à y pénétrer – ni personne d'autre –, tu lui as fait vraiment peur… et à moi aussi.

ALBUS

Je t'ai fait peur, à toi ?

HARRY

Oui.

ALBUS

Je croyais que Harry Potter n'avait peur de rien.

HARRY

C'est l'impression que je te donne ?

ALBUS *dévisage son père en essayant de le comprendre.*

ALBUS

Je ne crois pas que Scorpius en ait parlé, mais quand nous sommes revenus sans avoir réussi à tout changer le jour de la première tâche, je me suis retrouvé d'un coup dans la maison Gryffondor, ce qui n'a pas rendu les choses plus faciles entre nous… Alors, le fait que je sois à Serpentard… ce n'est pas la cause de nos problèmes. Ce n'est pas simplement ça.

HARRY

Non. Je sais. Ce n'est pas simplement ça.

HARRY *observe* ALBUS.

HARRY

Ça va, Albus ?

ALBUS

Non.

HARRY

Non. Moi non plus.

ACTE III　SCÈNE 12

UN RÊVE. GODRIC'S HOLLOW,
DANS LE CIMETIÈRE

HARRY JEUNE *se tient devant une tombe qui disparaît sous des gerbes de fleurs. Il a un petit bouquet à la main.*

LA TANTE PÉTUNIA

Alors, vas-y, dépose tes misérables petites fleurs et ensuite, on s'en va. Je déteste déjà ce petit village pouilleux, je ne sais pas ce qui m'a pris de venir ici – Godric's Hollow, Grotesque Hollow, plutôt –, cet endroit est un nid de saleté. Allez, vite, vite.

HARRY JEUNE *s'approche de la tombe. Il attend encore un moment.*

LA TANTE PÉTUNIA

Dépêche-toi, Harry… Je n'ai pas le temps. Duddy va chez les louveteaux ce soir et tu sais qu'il a horreur d'être en retard.

HARRY JEUNE

Tante Pétunia, nous sommes leurs derniers parents vivants, c'est bien ça ?

LA TANTE PÉTUNIA

Oui. Toi et moi. Oui.

HARRY JEUNE

Et – on ne les aimait pas beaucoup ? Tu m'as dit qu'ils n'avaient pas d'amis ?

LA TANTE PÉTUNIA

Lily a bien essayé – la pauvre chérie – elle a essayé, ce n'était pas sa faute, mais elle faisait fuir les gens… à cause de sa nature profonde. De son caractère intense, de sa façon d'être, de son – comportement. Et ton père – un homme odieux, extraordinairement odieux. Alors, pas d'amis. Ni l'un, ni l'autre.

HARRY JEUNE

Dans ce cas, j'ai une question : pourquoi il y a tant de fleurs ? Pourquoi les fleurs recouvrent entièrement leur tombe ?

La TANTE PÉTUNIA *regarde autour d'elle. Elle voit les fleurs comme pour la première fois et en ressent une immense émotion. Elle s'avance et s'assied près de la tombe de sa sœur, essayant de toutes ses forces de combattre ses sentiments, mais elle y succombe quand même.*

LA TANTE PÉTUNIA

Ah. Oui. Il y a sans doute quelques fleurs. Le vent a dû les emporter des tombes voisines. Ou bien quelqu'un a fait une farce. Oui, je crois que c'est l'explication, un sale petit garnement qui avait du temps à perdre a ramassé des fleurs un peu partout dans le cimetière et les a déposées là…

HARRY JEUNE

Mais elles portent toutes leur nom… « Lily et James, ce que vous avez fait, nous ne l'oublierons jamais… Lily et James, votre sacrifice… »

VOLDEMORT

Je sens la culpabilité, il y a dans l'air une odeur pestilentielle de culpabilité.

LA TANTE PÉTUNIA (*à* HARRY JEUNE)

Allons-nous-en. Partons d'ici.

Elle entraîne HARRY JEUNE. *La main de* VOLDEMORT *s'élève alors au-dessus de la tombe des Potter, le reste de sa personne s'élève à son tour. Nous ne voyons pas son visage, mais son corps dessine une silhouette horrible, aux contours déchiquetés.*

LA TANTE PÉTUNIA

Je le savais. Cet endroit est dangereux. Plus vite nous quitterons Godric's Hollow, mieux ça vaudra.

HARRY JEUNE *est entraîné hors de la scène, mais il se retourne pour faire face à* VOLDEMORT.

VOLDEMORT

Tu vois toujours avec mes yeux, Harry Potter ?

HARRY JEUNE *sort, perturbé, tandis qu'*ALBUS *surgit de sous la cape de* VOLDEMORT. *Il tend la main vers son père, dans un geste désespéré.*

ALBUS

Papa… Papa…

Des paroles sont prononcées en Fourchelang.
Il arrive. Il arrive. Il arrive.
Puis un hurlement retentit.
Alors, du fond de la scène, monte un murmure, qui s'insinue et semble s'enrouler autour de chacun.
Les mots sont prononcés par une voix qu'on ne peut confondre avec aucune autre. La voix de VOLDEMORT…
Haaarry Pottttter…

ACTE III   SCÈNE 13

MAISON DE HARRY ET GINNY POTTER, DANS LA CUISINE

HARRY *est dans un état épouvantable. Pétrifié par l'interprétation qu'il fait de ses rêves.*

GINNY

Harry ? Harry ? Qu'est-ce qu'il y a ? Tu criais…

HARRY

Ils n'ont pas cessé. Les rêves.

GINNY

Ils n'allaient sûrement pas s'arrêter tout de suite. Tu viens de vivre une période très dure…

HARRY

Mais je ne suis jamais allé à Godric's Hollow avec Pétunia. Ça n'a aucun…

GINNY

Harry, tu me fais vraiment peur.

HARRY

Il est toujours là, Ginny.

GINNY

Qui est toujours là ?

HARRY

Voldemort. J'ai vu Voldemort et Albus.

GINNY

Et Albus… ?

HARRY

Il a dit – Voldemort a dit : « Je sens la culpabilité, il y a dans l'air une odeur pestilentielle de culpabilité. » C'était à moi qu'il parlait.

HARRY *regarde* GINNY. *Il caresse sa cicatrice. Les traits de* GINNY *se décomposent.*

GINNY

Harry, est-ce qu'Albus est en danger ?

HARRY *pâlit.*

HARRY

Je pense que nous le sommes tous.

ACTE III   SCÈNE 14

POUDLARD, DANS LE DORTOIR
DE SERPENTARD

L'air sinistre, SCORPIUS *est penché sur* ALBUS, *au chevet de son lit.*

SCORPIUS

Albus… Hé… Albus.

ALBUS *continue à dormir.*

SCORPIUS

ALBUS !

ALBUS *se réveille en sursaut.* SCORPIUS *éclate de rire.*

ALBUS

Agréable. Très agréable façon de se faire réveiller. Au moins, ça ne fait pas peur.

SCORPIUS

Tu sais, c'est très bizarre, mais depuis que j'ai connu la situation la plus effrayante qu'on puisse imaginer, je suis devenu très bon pour affronter la peur. Je suis Scorpius le Sans-Peur, Malefoy le Sans-Angoisse.

ALBUS

Très bien.

SCORPIUS

Normalement, me retrouver enfermé, en retenue permanente, ça me briserait le moral, mais maintenant – qu'est-ce qu'ils peuvent me faire de pire ? Ramener Voldy de chez les asticots et lui demander de me torturer ? Non.

ALBUS

Tu fais peur quand tu es de bonne humeur, tu savais ça ?

SCORPIUS

Quand Rose est venue me voir aujourd'hui au cours de potions et qu'elle m'a appelé « tête de pain frais », je l'ai presque embrassée. Non, d'ailleurs, pas presque, j'ai vraiment essayé de la prendre dans mes bras et là, elle m'a donné un coup de pied dans le tibia.

ALBUS

Je ne suis pas sûr qu'ignorer la peur soit très bon pour ta santé.

SCORPIUS *regarde* ALBUS. *L'expression de son visage devient plus contemplative.*

SCORPIUS

Tu ne peux pas savoir à quel point ça fait du bien d'être revenu ici, Albus. Je détestais ça, là-bas.

ALBUS

À part Polly Chapman qui avait un faible pour toi.

SCORPIUS

Cedric était entièrement différent – sombre, dangereux. Quant à mon père, il faisait tout ce qu'on lui disait. Et moi ? J'ai découvert un autre Scorpius, tu sais ? En colère, méchant, se croyant tout permis – la plupart des gens avaient peur de moi. On dirait que nous avons tous été mis à l'épreuve et que nous l'avons tous… ratée.

ALBUS

Mais tu as changé les choses. Tu as saisi la chance de retrouver le temps tel qu'il était. De te retrouver toi-même.

SCORPIUS

Simplement parce que je savais ce que je devais être.

ALBUS *médite ces paroles.*

ALBUS

Tu crois que moi aussi, j'ai été mis à l'épreuve ? Moi aussi, je l'ai été, non ?

SCORPIUS

Non. Pas encore.

ALBUS

Tu te trompes. La chose la plus stupide, ce n'était pas de remonter le temps une première fois – n'importe qui peut commettre cette erreur –, la chose vraiment stupide, c'était d'avoir assez d'arrogance pour recommencer.

SCORPIUS

Nous avons remonté le temps tous les deux, Albus.

ALBUS

Et pourquoi j'étais tellement décidé à le faire ? À cause de Cedric ? Vraiment ? Non. J'avais quelque chose à prouver. Mon père a raison – il n'était pas volontaire pour vivre des aventures – mais moi, c'est entièrement ma faute – et si tu n'avais pas été là, tout aurait pu plonger dans les ténèbres.

SCORPIUS

Mais ce n'est pas arrivé. Et on doit t'en remercier autant que moi. Quand les Détraqueurs étaient dans ma tête, Severus Rogue m'a dit de penser à toi. Tu n'étais peut-être pas là, Albus, mais tu te battais – tu te battais à côté de moi.

ALBUS *fait un signe de tête. Ému par ce qu'il vient d'entendre.*

SCORPIUS

Et sauver Cedric, ce n'était pas une si mauvaise idée – pas dans mon esprit en tout cas. Mais tu sais très bien qu'il ne faudra plus jamais essayer.

ALBUS

Oui. Je sais. Je le sais parfaitement.

SCORPIUS

Bon. Alors, tu peux m'aider à détruire ceci.

SCORPIUS *montre le Retourneur de Temps à* ALBUS.

241

ALBUS

Je suis sûr que tu as raconté à tout le monde qu'il était au fond
du lac.

SCORPIUS

Où l'on s'aperçoit que Malefoy le Sans-Angoisse est un assez
bon menteur.

ALBUS

Scorpius, nous devrions le dire à quelqu'un…

SCORPIUS

À qui ? Le ministère l'a conservé une première fois, tu leur fais
vraiment confiance pour qu'ils ne le gardent pas une deuxième ?
Il n'y a que toi et moi à savoir par expérience à quel point il
est dangereux, ce qui signifie que c'est toi et moi qui devons le
détruire. Il faut que personne ne puisse plus jamais faire ce que
nous avons fait, Albus. Personne. Non, *(légèrement pompeux)* il
est temps que remonter le temps devienne une chose du passé.

ALBUS

Tu es assez fier de cette formule, non ?

SCORPIUS

J'y ai travaillé toute la journée.

ACTE III   SCÈNE 15

POUDLARD, DANS LE DORTOIR
DE SERPENTARD

HARRY *et* GINNY *traversent rapidement le dortoir,* CRAIG BOWKER JR *sur leurs talons.*

CRAIG BOWKER JR
Je vous le répète encore une fois. C'est contraire au règlement et on est en pleine nuit.

HARRY
Il faut que je voie mon fils.

CRAIG BOWKER JR
Je sais qui vous êtes, monsieur Potter, mais même vous, vous devez comprendre que les règles ne permettent pas aux parents ni aux professeurs d'entrer dans l'enceinte de l'une des maisons sans une autorisation expresse de…

Le PROFESSEUR McGONAGALL *surgit derrière eux.*

LE PROFESSEUR McGONAGALL
S'il vous plaît, Craig, cessez d'être agaçant.

HARRY
Vous avez eu notre message ? C'est bien.

CRAIG BOWKER JR *(ébranlé)*
Madame la directrice. Je suis… Je voulais simplement…

HARRY *écarte le rideau d'un lit à baldaquin.*

LE PROFESSEUR McGONAGALL
Il est parti ?

HARRY
Oui.

LE PROFESSEUR McGONAGALL
Et le jeune Malefoy ?

GINNY *écarte un autre rideau.*

GINNY
Oh, non.

LE PROFESSEUR McGONAGALL
Alors, nous allons fouiller cette école de fond en comble. Craig, nous avons du travail…

GINNY *et* HARRY *restent là, devant le lit inoccupé.*

GINNY
On n'a pas déjà connu ça ?

HARRY
Cette fois, il y a quelque chose qui semble pire encore.

GINNY *regarde son mari, effarée.*

GINNY
Tu lui avais parlé, avant ?

HARRY
Oui.

GINNY
Tu es venu dans son dortoir et tu lui as parlé ?

HARRY
Tu le sais très bien.

GINNY
Qu'est-ce que tu as dit à notre fils, Harry ?

HARRY *perçoit le ton accusateur de sa voix.*

HARRY

J'ai essayé d'être sincère, comme tu me l'avais conseillé – je n'ai rien dit de spécial.

GINNY

Et tu as réussi à te contrôler ? Le ton est monté ? Jusqu'à quel point ?

HARRY

… Je ne pense pas que je… Tu crois qu'il est parti parce que je lui ai de nouveau fait peur ?

GINNY

Je peux te pardonner une erreur, Harry, peut-être deux, mais plus tu commets d'erreurs, plus il devient difficile de te pardonner.

ACTE III   SCÈNE 16

POUDLARD, DANS LA VOLIÈRE
AUX HIBOUX

SCORPIUS *et* ALBUS *apparaissent sur un toit baigné d'une lumière argentée.*
Tout autour on entend des hululements feutrés.

SCORPIUS

Je pense qu'un simple *Confringo*, un maléfice Explosif…

ALBUS

Certainement pas. Pour une chose comme ça, il faut un *Expulso*.

SCORPIUS

Expulso ? Avec un *Expulso*, on passera des jours à ramasser des tout petits morceaux de Retourneur de Temps dans toute la volière.

ALBUS

Bombarda, alors ?

SCORPIUS

Tu veux réveiller tout le monde à Poudlard ? *Stupéfix*, peut-être. À l'origine, ils ont été détruits à coups de *Stupéfix*…

ALBUS

Justement, ça a déjà été fait – essayons quelque chose de nouveau, quelque chose d'amusant.

SCORPIUS

D'amusant ? Écoute, beaucoup de sorciers négligent l'importance de choisir le bon sortilège, mais en fait, c'est fondamental. Je crois que c'est un aspect très sous-estimé de la sorcellerie moderne.

DELPHI

« Un aspect très sous-estimé de la sorcellerie moderne » – vous êtes vraiment extraordinaires, tous les deux, vous le savez ?

SCORPIUS *lève la tête, surpris que* DELPHI *ait surgi derrière eux.*

SCORPIUS

Waouh. Tu es… heu… qu'est-ce que tu fais ici ?

ALBUS

J'ai pensé qu'il était important de lui envoyer un hibou – pour lui expliquer ce qu'on va faire –, tu comprends ?

SCORPIUS *lance à son ami un regard accusateur.*

ALBUS

Ça la concerne aussi.

SCORPIUS *réfléchit, puis approuve d'un signe de tête, acceptant cet argument.*

DELPHI

Qu'est-ce qui me concerne ? De quoi vous parlez ?

ALBUS *sort le Retourneur de Temps.*

ALBUS

Il faut détruire le Retourneur de Temps. Avec ce que Scorpius a vu après la deuxième tâche… Je suis vraiment désolé. On ne peut pas prendre le risque de remonter le temps une fois de plus. On ne peut pas sauver ton cousin.

DELPHI *regarde le Retourneur de Temps, puis les deux garçons.*

DELPHI

Ton hibou disait si peu de choses…

ALBUS

Imagine le pire monde possible et multiplie par deux. Des gens qu'on torture, des Détraqueurs partout, un Voldemort despotique, mon père mort, moi jamais né, le monde entier cerné par les forces du Mal. On ne peut simplement – on ne peut pas laisser de telles choses se produire.

DELPHI *hésite. Puis son visage s'anime.*

DELPHI

Voldemort était au pouvoir ? Il était vivant ?

SCORPIUS

Il commandait tout. C'était terrible.

DELPHI

À cause de ce qu'on a fait ?

SCORPIUS

Humilier Cedric l'a rendu terriblement amer, il est devenu un Mangemort et… et tout est allé mal. Vraiment mal.

DELPHI *observe* SCORPIUS *très attentivement. Elle a soudain la mine sombre.*

DELPHI

Un Mangemort ?

SCORPIUS

Et un assassin. Il a tué le professeur Londubat.

DELPHI

Dans ce cas, bien sûr – il faut détruire le Retourneur de Temps.

ALBUS

Tu comprends ?

DELPHI

J'irais même plus loin – je dirais que Cedric aurait compris. Nous le détruirons ensemble et ensuite, nous irons voir mon oncle. Pour lui expliquer la situation.

ALBUS

Merci.

DELPHI *leur sourit tristement, puis elle prend le Retourneur de Temps. Elle le contemple et l'expression de son visage change légèrement.*

ALBUS

Oh, jolie, cette marque.

DELPHI

Quoi ?

La cape de DELPHI *a un peu glissé. Un tatouage représentant un Augurey est visible sur sa nuque.*

ALBUS

Là, dans le dos. Je ne l'avais pas vu jusqu'à maintenant. Les ailes. C'est ça que les Moldus appellent un tatouage ?

DELPHI

Ah, oui. Oui, c'est un Augurey.

SCORPIUS

Un Augurey ?

DELPHI

Vous n'en avez jamais vu en cours de soins aux créatures magiques ? Ce sont des oiseaux noirs à l'air sinistre qui crient quand la pluie menace. Les sorciers croyaient autrefois que le cri de l'Augurey annonçait la mort. Dans mon enfance, ma tutrice en avait un dans une cage.

SCORPIUS

Ta… tutrice ?

DELPHI *regarde* SCORPIUS. *Le Retourneur de Temps est entre ses mains et ce jeu l'amuse.*

DELPHI

Elle disait qu'il criait parce qu'il voyait bien que j'allais mal finir. Elle ne m'aimait pas beaucoup, Euphemia Rowle… Elle ne me gardait que pour avoir de l'or.

ALBUS

Dans ce cas, pourquoi tu t'es fait tatouer son oiseau ?

DELPHI

Il me rappelle que c'est à moi de construire mon avenir.

ALBUS

C'est cool. Peut-être que je vais me faire tatouer un Augurey, moi aussi.

SCORPIUS

Les Rowle étaient des Mangemorts extrémistes.

Des pensées par centaines tourbillonnent dans la tête de SCORPIUS.

ALBUS

Allez, passons à la destruction. *Confringo ? Stupéfix ? Bombarda ?* Lequel on choisit ?

SCORPIUS

Rends-le-nous. Rends-nous le Retourneur de Temps.

DELPHI

Quoi ?

ALBUS

Scorpius ? Qu'est-ce que tu fais ?

SCORPIUS

Je ne crois pas que tu aies jamais été malade. Pourquoi tu n'es pas allée à Poudlard ? Pourquoi tu es ici, maintenant ?

DELPHI

J'essaye de faire revenir mon cousin !

SCORPIUS

Ils t'appelaient l'Augurey. Dans *l'autre monde* ils t'appelaient l'Augurey.

Un lent sourire apparaît sur le visage de DELPHI.

DELPHI

L'Augurey ? J'aime bien ça.

ALBUS

Delphi ?

Elle est trop rapide. Levant sa baguette, elle repousse SCORPIUS. *Et elle est beaucoup plus forte que lui –* SCORPIUS *essaye de la tenir à distance, mais elle a très vite le dessus.*

DELPHI

Fulgari !

Les bras de SCORPIUS *sont aussitôt ligotés par des cordes lumineuses, animées d'un mouvement féroce.*

SCORPIUS

Albus ! Va-t'en !

ALBUS *regarde autour de lui, désemparé. Puis il se met à courir.*

DELPHI

Fulgari !

ALBUS *est précipité au sol, les mains brutalement liées par des cordes semblables.*

DELPHI

Et ce n'est que le premier maléfice que je vous ai lancé. Je pensais qu'il me faudrait en jeter beaucoup d'autres. Mais vous êtes bien plus faciles à contrôler qu'Amos – les enfants, en particulier les enfants mâles, sont si naturellement malléables, n'est-ce pas ? Maintenant, nous allons remettre tout cela en ordre une bonne fois pour toutes…

ALBUS

Mais pourquoi ? Mais quoi ? Mais qui es-tu ?

DELPHI

Albus, je suis le nouveau passé.

*Elle prend la baguette des mains d'*ALBUS *et la casse en deux.*

Je suis le nouveau futur.

Elle prend également la baguette des mains de SCORPIUS *et la casse en deux.*

Je suis la réponse que ce monde a cherchée.

ACTE III   SCÈNE 17

MINISTÈRE DE LA MAGIE,
DANS LE BUREAU D'HERMIONE

RON, *assis sur le bureau d'*HERMIONE, *est en train de manger du porridge.*

RON

Je n'arrive absolument pas à comprendre ça. Que dans certains mondes, nous ne soyons même pas… mariés.

HERMIONE

Ron, je ne sais pas quel message tu essayes de faire passer, mais il me reste dix minutes avant qu'une délégation de gobelins vienne me parler des problèmes de sécurité à Gringotts…

RON

Je veux dire, ça fait si longtemps qu'on vit ensemble – et si longtemps qu'on est mariés – vraiment *si* longtemps…

HERMIONE

Ron, si c'est une façon de m'annoncer que tu veux une séparation, alors sois clair et je t'embrocherai avec cette plume.

RON

Tais-toi. Tu voudrais bien te taire, pour une fois ? Je veux au contraire qu'on fasse un renouvellement de nos vœux de mariage, j'ai lu quelque chose là-dessus, il n'y a pas longtemps. Un renouvellement de mariage. Qu'est-ce que tu en penses ?

HERMIONE (*légèrement attendrie*)

Tu veux de nouveau te marier avec moi ?

RON

> Tu sais, quand on l'a fait la première fois, on était très jeunes, j'étais complètement ivre et… bon, pour être franc, je ne m'en souviens plus très bien… La vérité, c'est que… je t'aime, Hermione Granger – et peu m'importe combien de temps a passé. J'aimerais bien avoir l'occasion de le déclarer devant plein de gens. Une fois encore. Et sans avoir bu.

> *Elle le regarde, sourit, l'attire vers elle et l'embrasse.*

HERMIONE

> Tu es adorable.

RON

> Et toi, tu sens le caramel.

> HERMIONE *éclate de rire.* HARRY, GINNY *et* DRAGO *s'avancent alors vers eux, au moment où* HERMIONE *et* RON *s'apprêtent à s'embrasser à nouveau. Ils se séparent d'un bond.*

HERMIONE

> Harry, Ginny et… heu… je… Drago – quel plaisir de vous voir…

HARRY

> Les rêves. Ils ont recommencé, en fait, ils n'ont pas cessé.

GINNY

> Et Albus a disparu. Une fois de plus.

DRAGO

> Scorpius aussi. McGonagall a fait fouiller toute l'école. Ils sont partis.

HERMIONE

> Je vais immédiatement convoquer les Aurors, je vais…

RON

> Non, tu ne feras rien du tout, tout va bien. Albus, je l'ai vu hier soir. Il n'y a pas de quoi s'inquiéter.

DRAGO

> Où ?

> *Ils se sont tous retournés vers* RON. *Pendant un instant, il paraît déconcerté mais continue son récit.*

RON

J'étais à Pré-au-Lard avec Neville pour boire un verre ou deux de whisky Pur Feu, comme ça arrive de temps en temps. On refaisait le monde – comme ça nous arrive aussi –, ensuite, on est revenus, assez tard, très tard, et je me demandais quel conduit de cheminée utiliser parce que, après avoir bu un petit coup, on préfère parfois éviter ceux qui sont trop étroits, ou tortueux, ou…

GINNY

Ron, tu pourrais en venir au fait avant qu'on t'étrangle ?

RON

Il n'a pas pris la fuite, il passe simplement un petit moment tranquille – il s'est trouvé une copine plus âgée que lui…

HARRY

Une copine plus âgée ?

RON

Et un canon, en plus – une magnifique chevelure argentée. Je les ai aperçus ensemble sur le toit, près de la volière, avec Scorpius qui tenait la chandelle. J'étais content de voir qu'il fait bon usage de ma potion d'Amour.

Une pensée frappe soudain HARRY.

HARRY

Les cheveux de la fille – ils étaient argentés avec des reflets bleus ?

RON

C'est ça – d'un bleu argenté –, ouais, exactement.

HARRY

Il parle de Delphi Diggory. La nièce de… Amos Diggory.

GINNY

Il s'agit encore de Cedric ?

HARRY *ne répond rien. Il réfléchit rapidement.* HERMIONE *lance un regard autour de la pièce, l'air inquiet, puis s'écrie en direction de la porte.*

HERMIONE

Ethel. Annulez les gobelins.

ACTE III SCÈNE 18

RÉSIDENCE ST OSWALD POUR SORCIERS ÂGÉS, DANS LA CHAMBRE D'AMOS

HARRY *entre dans la pièce, sa baguette pointée. Il est accompagné de* DRAGO.

HARRY

Où sont-ils ?

AMOS

Harry Potter, que puis-je faire pour vous, monsieur ? Et Drago Malefoy. C'est mon jour de chance.

HARRY

Je sais que vous vous êtes servi de mon fils.

AMOS

Je me suis servi de votre fils ? Non. C'est vous, monsieur, vous qui vous êtes servi de mon fils magnifique.

DRAGO

Dites-nous – tout de suite – où sont Albus et Scorpius ou bien vous en subirez toutes les conséquences.

AMOS

Et pourquoi devrais-je savoir où ils sont ?

DRAGO

Ne jouez pas la carte de la sénilité avec nous, mon vieux. Nous savons que vous lui avez envoyé des hiboux.

AMOS

Je n'ai rien fait de tel.

HARRY

Amos, vous n'êtes pas trop âgé pour la prison d'Azkaban. La dernière fois qu'on les a vus, ils étaient sur une tour de Poudlard en compagnie de votre nièce. Juste avant leur disparition.

AMOS

Je n'ai aucune idée de ce que vous… *(Il s'interrompt un instant, déconcerté.)* Ma nièce ?

HARRY

Vous ne reculerez devant aucune bassesse, n'est-ce pas ? Oui, votre nièce, allez-vous nier qu'elle était là sur votre instruction expresse ?

AMOS

Oui, je le nie – je n'ai pas de nièce.

HARRY *est interloqué.*

DRAGO

Si, vous en avez une, elle est infirmière et elle travaille ici. Votre nièce… Delphini Diggory.

AMOS

Je sais que je n'ai pas de nièce parce que je n'ai jamais eu ni frère ni sœur. Et ma femme non plus n'en avait pas.

DRAGO

Il faut absolument que nous sachions qui elle est – *et tout de suite.*

ACTE III   SCÈNE 19

POUDLARD, SUR LE TERRAIN DE QUIDDITCH

La scène s'ouvre sur DELPHI *qui se délecte de sa nouvelle identité. Là où on sentait un malaise, une insécurité, on ne perçoit plus que la force du pouvoir.*

ALBUS

Qu'est-ce qu'on fait sur le terrain de Quidditch ?

DELPHI *ne répond rien.*

SCORPIUS

Le Tournoi des Trois Sorciers. La troisième tâche. Le labyrinthe. C'était ici qu'il se trouvait. Nous retournons chercher Cedric.

DELPHI

Oui, il est temps que « l'autre » soit épargné une bonne fois pour toutes. Nous allons chercher Cedric et, en faisant cela, nous ressusciterons le monde que tu as vu, Scorpius…

SCORPIUS

L'enfer. Tu veux ressusciter l'enfer ?

DELPHI

Je veux un retour à la magie pure et dure. Je veux la renaissance des Ténèbres.

SCORPIUS

Tu veux que Voldemort revienne ?

DELPHI

Le seul véritable maître du monde des sorciers. Il reviendra. Vous avez fait en sorte que les deux premières tâches soient un peu embrouillées par la magie – il y a eu dans chacune d'elles au moins deux interventions venues du futur et je ne veux pas prendre le risque d'être découverte ou détournée. La troisième tâche est propre et nette, alors on va commencer par là, d'accord ?

ALBUS

On n'arrêtera pas Cedric – et peu importe ce que tu nous forceras à faire –, nous savons qu'il doit absolument remporter le tournoi avec mon père.

DELPHI

Je ne veux pas seulement que vous l'arrêtiez. Je veux que vous lui infligiez une humiliation. Il faut qu'il s'envole de ce labyrinthe tout nu sur un balai constitué d'un assemblage de plumeaux violets. L'humiliation vous a déjà emmenés dans ce monde, elle nous y emmènera à nouveau. Ainsi, la prophétie sera accomplie.

SCORPIUS

Je ne savais pas qu'il y avait une prophétie – quelle prophétie ?

DELPHI

Tu as vu le monde comme il devrait être, Scorpius, et aujourd'hui, nous allons nous assurer de son retour.

ALBUS

Certainement pas. Nous n'allons pas t'obéir. Qui que tu sois. Et quoi que tu veuilles nous obliger à faire.

DELPHI

Mais bien sûr que vous obéirez.

ALBUS

Tu devras te servir de l'Imperium. Il faudra que tu prennes le contrôle sur moi.

DELPHI

Non. Pour réaliser la prophétie, il est obligatoire que ce soit toi, pas une marionnette à ton image… Tu dois être celui qui

humiliera Cedric, donc le sortilège de l'Imperium ne suffira pas
– je devrai te forcer à obéir par d'autres moyens.

Elle sort sa baguette magique et la dirige vers ALBUS *qui redresse la
tête, le menton en avant.*

ALBUS
Vas-y, fais de ton pire.

DELPHI *le regarde. Puis tourne sa baguette vers* SCORPIUS.

DELPHI
Compte sur moi.

ALBUS
Non !

DELPHI
Eh oui, comme je le pensais, voilà qui semble t'effrayer beaucoup
plus.

SCORPIUS
Albus, quoi qu'elle me fasse – on ne peut pas la laisser…

DELPHI
Endoloris !

SCORPIUS *laisse échapper un cri de douleur.*

ALBUS
Je vais…

DELPHI *(éclatant de rire)*
Quoi ? Quel résultat crois-tu obtenir ? Un ratage dont on parlera
chez tous les sorciers ? Une tache sur le nom de ta famille ? Un
nouvel « autre » sacrifié ? Tu veux que j'arrête de faire souffrir ton
seul ami ? Alors, obéis-moi.

Elle regarde ALBUS *qui soutient son regard avec fermeté.*

DELPHI
Non ? *Endoloris !*

ALBUS
Arrête ! S'il te plaît.

CRAIG *arrive en courant, plein d'énergie.*

CRAIG BOWKER JR

Scorpius ? Albus ? Tout le monde vous cherche…

ALBUS

Craig ! Va-t'en. Va chercher du secours !

CRAIG BOWKER JR

Qu'est-ce qui se passe ?

DELPHI

Avada Kedavra !

DELPHI *projette une explosion de lumière verte à travers la scène.* CRAIG *est précipité en arrière par la puissance du sortilège – tué sur le coup. Il y a un silence. Un silence qui semble durer longtemps.*

Vous n'avez donc pas compris ? On ne joue pas à des jeux d'enfants. Vous, vous m'êtes utiles, vos amis pas du tout.

ALBUS *et* SCORPIUS *contemplent le corps inanimé de* CRAIG *– c'est l'enfer pour eux.*

J'ai mis du temps à découvrir ton point faible, Albus Potter. J'ai d'abord pensé que c'était l'orgueil, j'ai pensé que c'était le besoin d'impressionner ton papa, et puis je me suis rendu compte que ton point faible était le même que celui de ton père – l'amitié. Tu vas faire exactement ce que je te dis, sinon, Scorpius mourra comme cet *autre* est mort.

Elle les regarde tous les deux.

Voldemort reviendra et l'Augurey se tiendra à ses côtés. Selon les termes de la prophétie. « Lorsque les *autres* seront épargnés, lorsque le temps sera retourné, lorsque des enfants invisibles assassineront leurs pères : alors le Seigneur des Ténèbres reviendra. »

Elle sourit et tire SCORPIUS *vers elle avec une violence féroce.*

Cedric, c'est l'autre, et Albus…

Elle tire ALBUS *avec la même violence.*

... l'enfant invisible qui tuera son père en réécrivant le cours du temps pour permettre le retour du Seigneur des Ténèbres.

Le Retourneur de Temps se met en mouvement. DELPHI *tire les mains des deux garçons vers l'objet.*

Maintenant !

Une immense clarté balaye alors la scène. Un grand fracas retentit. Et le temps s'arrête. Il se retourne, semble réfléchir un instant, et commence à revenir en arrière, lentement au début...
Puis de plus en plus vite.
On entend un bruit de succion. Puis une explosion.

ACTE III SCÈNE 20

LE TOURNOI DES TROIS SORCIERS, LE LABYRINTHE, 1995

Le labyrinthe est constitué d'une spirale de haies qui ne cessent de se mouvoir. DELPHI *s'y engouffre d'un pas décidé. Elle traîne derrière elle* ALBUS *et* SCORPIUS. *Ils ont les bras liés et n'avancent qu'à contrecœur.*

LUDO VERPEY

Mesdames et messieurs, jeunes hommes, jeunes filles, je vous demande d'applaudir le grand… le fabuleux… le seul… et unique TOURNOI DES TROIS SORCIERS !

Des acclamations enthousiastes s'élèvent de la foule. DELPHI *se tourne vers la gauche.*

Si vous êtes élèves de Poudlard, je veux vous entendre !

Des acclamations enthousiastes retentissent à nouveau.

Si vous êtes élèves de Durmstrang, je veux aussi vous entendre.

D'autres acclamations enthousiastes retentissent.

ET SI VOUS ÊTES ÉLÈVES DE BEAUXBÂTONS, CRIEZ À VOTRE TOUR.

Des acclamations déchaînées s'élèvent aussitôt.
Une haie se referme sur DELPHI *et les deux garçons qui sont obligés de se déplacer.*

Les Français nous montrent enfin de quoi ils sont capables. Mesdames et messieurs, je vous présente la dernière tâche du Tournoi des Trois Sorciers. Un labyrinthe de mystères, une obscurité incontrôlable, telle une maladie contagieuse, car ce labyrinthe... il est vivant. Il vit.

VIKTOR KRUM *traverse la scène, se frayant un chemin dans le labyrinthe.*

Et pourquoi se risquer dans ce cauchemar vivant ? Parce que, à l'intérieur du labyrinthe, il y a une coupe – et pas n'importe quelle coupe –, oui, le trophée du Tournoi des Trois Sorciers se trouve au cœur de cette végétation.

DELPHI

Où est-il ? Où est Cedric ?

Une haie manque tout juste de taillader ALBUS *et* SCORPIUS.

SCORPIUS

Les haies veulent nous tuer aussi ? De mieux en mieux.

DELPHI

Continuez d'avancer ou vous en subirez les conséquences.

LUDO VERPEY

Les périls abondent, mais les récompenses sont bien réelles. Qui parviendra à se battre jusqu'au bout du chemin ? Qui tombera devant le dernier obstacle ? Qui sont les héros que nous comptons parmi nous ? Seul le temps le dira, mesdames et messieurs, seul le temps le dira.

Ils avancent dans le labyrinthe, SCORPIUS *et* ALBUS *contraints par* DELPHI. *Tandis qu'elle marche devant eux, les deux garçons peuvent se parler.*

SCORPIUS

Albus, il faut faire quelque chose.

ALBUS

Je sais bien, mais quoi ? Elle a cassé nos baguettes, nous avons les mains liées et elle menace de te tuer.

SCORPIUS

Je suis prêt à mourir si cela peut empêcher le retour de Voldemort.

ALBUS

Vraiment ?

SCORPIUS

Tu n'auras pas à me pleurer bien longtemps, elle va me tuer et ne tardera pas à te tuer aussi.

ALBUS (*d'un ton désespéré*)

Le défaut du Retourneur de Temps, la règle des cinq minutes. Faisons tout ce qui est possible pour dépasser la limite.

SCORPIUS

Ça ne marchera pas.

Alors qu'une autre haie change de direction, DELPHI *tire* ALBUS *et* SCORPIUS *derrière elle. Ils continuent d'avancer dans ce labyrinthe du désespoir.*

LUDO VERPEY

Permettez-moi de vous rappeler le classement actuel des concurrents ! À la première place ex æquo : M. Cedric Diggory et M. Harry Potter. À la deuxième place : M. Viktor Krum ! Et à la troisième place : sacrebleu, mais c'est Mlle Fleur Delacour !

Soudain, ALBUS *et* SCORPIUS *surgissent derrière une spirale du labyrinthe. Ils courent à toutes jambes.*

ALBUS

Où est-elle allée ?

SCORPIUS

Quelle importance ? On passe par où, à ton avis ?

DELPHI *s'élève dans les airs à leur poursuite. Elle vole, et sans balai.*

DELPHI

Misérables créatures.

Elle projette les deux garçons à terre.

DELPHI

Vous pensiez pouvoir m'échapper.

ALBUS (*stupéfait*)

> Tu n'as même pas de… balai.

DELPHI

> Les balais – des objets inutiles et malcommodes. Trois minutes ont passé. Il nous en reste deux. Et vous allez faire ce que je vous dis.

SCORPIUS

> Non. Sûrement pas.

DELPHI

> Tu crois pouvoir te battre contre moi ?

SCORPIUS

> Non. Mais on peut te défier. Si on est prêts à sacrifier nos vies.

DELPHI

> La prophétie doit être accomplie. Nous l'accomplirons.

SCORPIUS

> Les prophéties peuvent être démenties.

DELPHI

> Tu te trompes, bonhomme, les prophéties expriment le futur.

SCORPIUS

> Si la prophétie est inévitable, qu'est-ce qu'on fait ici à essayer de la rendre vraie ? Tes actions contredisent tes pensées. Tu nous traînes dans ce labyrinthe parce que tu crois qu'il faut aider cette prophétie à se réaliser, mais en suivant la même logique, on peut aussi l'empêcher de s'accomplir – lui faire obstacle.

DELPHI

> Tu parles trop, mon bonhomme. *Endoloris !*

SCORPIUS *est ravagé par la douleur.*

ALBUS

> Scorpius !

SCORPIUS

> Tu voulais être mis à l'épreuve, Albus – la voilà, l'épreuve, et on va la réussir.

ALBUS *regarde* SCORPIUS, *comprenant enfin ce qu'il doit faire. Il approuve d'un signe de tête.*

DELPHI

Alors, vous allez mourir.

ALBUS *(plein de force)*

Oui. Nous allons mourir. Et nous serons contents de mourir en sachant que nous avons réussi à te faire échouer.

DELPHI *s'élève, remplie de fureur.*

DELPHI

Ne perdons pas de temps. *Endo…*

UNE VOIX MYSTÉRIEUSE

Expelliarmus !

Bang ! La baguette de DELPHI *lui est arrachée des mains.* SCORPIUS *regarde, abasourdi.*

LA VOIX MYSTÉRIEUSE

Brachialigo !

Et DELPHI *se retrouve ligotée.* SCORPIUS *et* ALBUS *se retournent d'un même mouvement, contemplant d'un air ahuri l'endroit d'où a jailli l'éclair : il a été lancé par un beau jeune homme d'environ dix-sept ans,* CEDRIC.

CEDRIC

N'approchez pas.

SCORPIUS

Mais tu es…

CEDRIC

Cedric Diggory. J'ai entendu crier. Il fallait que je vienne voir. Dites-moi qui vous êtes, créatures, je peux très bien vous combattre.

ALBUS *fait volte-face, éberlué.*

ALBUS

Cedric ?

SCORPIUS

Tu nous as sauvés.

CEDRIC

Représentez-vous une tâche à accomplir ? Un obstacle à franchir ? Parlez. Dois-je vous vaincre également ?

Il y a un silence.

SCORPIUS

Non. Tu dois simplement nous libérer. C'est ça, la tâche.

CEDRIC *réfléchit, essayant de déterminer s'il s'agit d'un piège, puis il brandit sa baguette.*

CEDRIC

Emancipare ! Emancipare !

Les deux garçons sont aussitôt libérés de leurs liens.

CEDRIC

Et maintenant, je peux continuer ? Aller jusqu'au bout du labyrinthe ?

Les deux garçons regardent CEDRIC *avec une grande tristesse.*

ALBUS

J'ai bien peur que tu doives aller jusqu'au bout.

CEDRIC

Alors, j'y vais.

CEDRIC *s'éloigne d'un pas confiant.* ALBUS *le regarde partir – cherchant désespérément quelque chose à dire, ne sachant pas très bien quoi.*

ALBUS

Cedric…

CEDRIC *se retourne vers lui.*

Ton père t'aime beaucoup.

CEDRIC

Quoi ?

Derrière eux, le corps de DELPHI, *à terre, commence à remuer. Elle rampe sur le sol.*

ALBUS

Je me suis dit qu'il fallait que tu le saches.

CEDRIC

D'accord. Heu… merci.

CEDRIC *regarde* ALBUS *encore un instant puis poursuit son chemin.* DELPHI *sort le Retourneur de Temps d'une poche de sa robe.*

SCORPIUS

Albus.

ALBUS

Non. Attends…

SCORPIUS

Le Retourneur de Temps s'est mis en marche… Regarde ce qu'elle est en train de faire… Il ne faut pas qu'elle nous laisse ici.

ALBUS *et* SCORPIUS *se précipitent tous les deux pour s'accrocher au Retourneur de Temps.*
Une immense clarté balaye alors la scène. Un grand fracas retentit. Et le temps s'arrête. Il se retourne, semble réfléchir un instant, et commence à revenir en arrière, lentement au début…
Puis de plus en plus vite.

Albus…

ALBUS

Qu'est-ce qu'on a fait ?

SCORPIUS

Nous devions absolument revenir avec le Retourneur de Temps, il fallait essayer d'arrêter Delphi.

DELPHI

M'arrêter ? Vous croyez donc m'avoir arrêtée ? J'en ai fini avec ça. Vous avez sans doute ruiné mes chances d'utiliser Cedric pour plonger le monde dans les ténèbres, mais peut-être avais-tu raison, Scorpius – peut-être qu'on peut faire obstacle aux prophéties, qu'on peut les empêcher de s'accomplir. Ce qui est certain en tout cas, c'est que je ne me servirai plus de vous pour quoi que ce soit, petites créatures incompétentes, insupportables. Je ne perdrai plus de précieuses secondes avec vous. Le temps est venu d'essayer quelque chose de nouveau.

Elle écrase le Retourneur de Temps qui explose en mille morceaux. DELPHI *s'élève à nouveau dans les airs. Elle éclate d'un rire ravi tandis qu'elle décolle et s'éloigne très vite.*
Les deux garçons essayent de la poursuivre, mais ils n'ont pas la moindre chance de la rattraper. Elle vole, ils courent.

ALBUS

Non… non… tu ne peux pas…

SCORPIUS *revient et essaye de ramasser les morceaux du Retourneur de Temps.*

ALBUS

Le Retourneur de Temps ? Il est détruit ?

SCORPIUS

Complètement. Nous sommes coincés ici. Dans le temps. Quelle que soit l'époque où nous nous trouvons. Quelles que soient les intentions de Delphi.

ALBUS

On dirait que Poudlard n'a pas changé.

SCORPIUS

Non. Et il ne faut pas qu'on nous voie ici. Allons-nous-en avant qu'on se fasse repérer.

ALBUS

Nous devons arrêter Delphi, Scorpius.

SCORPIUS

Je le sais bien – mais comment ?

ACTE III   SCÈNE 21

RÉSIDENCE ST OSWALD POUR SORCIERS ÂGÉS, DANS LA CHAMBRE DE DELPHI

HARRY, HERMIONE, RON, DRAGO *et* GINNY *regardent autour d'eux dans une pièce simple aux murs recouverts de lambris en chêne.*

HARRY

Elle a dû lui jeter un sortilège de Confusion. Elle l'a jeté à tout le monde. Elle a fait semblant d'être une infirmière, elle a fait semblant d'être sa nièce.

HERMIONE

J'ai vérifié au ministère – mais il n'y a aucun dossier sur elle. C'est une ombre.

DRAGO

Specialis Revelio !

Tout le monde se retourne pour regarder DRAGO.

DRAGO

Ça valait la peine d'essayer, qu'est-ce que vous attendez ? Nous ne savons rien, nous pouvons simplement espérer que cette pièce nous révèle un secret.

GINNY

Où aurait-elle pu dissimuler quoi que ce soit ? C'est une chambre spartiate.

RON

Ces panneaux de bois, ils doivent sûrement cacher quelque chose.

DRAGO

Ou le lit.

DRAGO *entreprend d'examiner le lit,* GINNY *regarde une lampe, les autres s'intéressent aux lambris.*

RON *(il crie en tapant à grands coups sur les murs)*
Qu'est-ce que vous cachez ? Qu'est-ce qu'il y a, là-dedans ?

HERMIONE

Peut-être qu'on devrait tous s'arrêter un peu et réfléchir à…

GINNY *dévisse le verre d'une lampe à huile. On entend un bruit de respiration. Puis des mots prononcés d'une voix sifflante. Tout le monde se tourne vers l'objet.*

Qu'est-ce que c'était ?

HARRY

C'est – je ne suis pas censé comprendre – c'est du Fourchelang.

HERMIONE

Et qu'est-ce que ça disait ?

HARRY

Comment pourrais-je… ? Je n'ai plus été capable de comprendre le Fourchelang depuis la mort de Voldemort.

HERMIONE

Et ta cicatrice ne t'a plus fait mal.

HARRY *regarde* HERMIONE.

HARRY

Ça disait : « Bienvenue à l'Augurey. » Je pense qu'il faut que je lui demande de s'ouvrir…

DRAGO

Alors, fais-le.

HARRY *ferme les yeux. Il parle en Fourchelang et la pièce se transforme autour d'eux, elle devient plus sombre, plus déprimante. Une*

masse grouillante de serpents peints apparaît sur tous les murs.
Et des mots écrits dans une peinture fluorescente se dessinent, une
prophétie.

DRAGO

Qu'est-ce que c'est que ça ?

RON

« Lorsque les *autres* seront épargnés, lorsque le temps sera retourné, lorsque des enfants invisibles assassineront leurs pères : alors le Seigneur des Ténèbres reviendra. »

GINNY

Une prophétie. Une nouvelle prophétie.

HERMIONE

Cedric – c'était Cedric qu'on appelait « l'autre ».

RON

Lorsque le temps sera retourné – c'est elle qui a ce Retourneur de Temps, non ?

Ils ont le visage grave.

HERMIONE

Elle l'a sûrement.

RON

Mais pourquoi aurait-elle besoin de Scorpius ou d'Albus ?

HARRY

Parce que je suis un parent – qui n'a pas vu son fils. Qui n'a pas compris son enfant.

DRAGO

Qui est-elle donc ? Pour être tellement obsédée par tout ça ?

GINNY

Je crois que j'ai la réponse à cette question.

Les autres se tournent vers elle. Elle pointe le doigt en l'air… Leur
visage à tous s'assombrit davantage et se remplit de frayeur.
Des mots sont apparus sur les murs du théâtre – des mots menaçants,
des mots horribles.

GINNY

« Je ferai renaître les Ténèbres. Je ramènerai mon père. »

RON

Non. Elle ne peut pas être…

HERMIONE

Comment serait-ce même – possible ?

DRAGO

Voldemort a eu une fille ?

Ils lèvent les yeux, terrifiés. GINNY *prend la main de* HARRY.

HARRY

Non, non, non. Pas ça. Tout mais pas ça.

Le noir se fait sur la scène.

ENTRACTE

DEUXIÈME PARTIE

ACTE IV

ACTE IV   SCÈNE 1

MINISTÈRE DE LA MAGIE,
DANS LA GRANDE SALLE DE RÉUNION

Des sorcières et des sorciers venus de partout se pressent dans la grande salle de réunion. HERMIONE *monte sur une estrade de fortune. Elle lève la main pour demander le silence et le silence tombe. Elle est surprise d'avoir obtenu ce résultat avec si peu d'efforts. Elle lance un regard autour d'elle.*

HERMIONE

Merci. Je suis très heureuse que vous ayez pu venir si nombreux à ma deuxième assemblée générale extraordinaire. J'ai certaines choses à vous dire – et je vous demanderai de poser vos questions – elles seront nombreuses – après mon intervention. Comme beaucoup d'entre vous le savent, un corps a été découvert à Poudlard. Celui d'un élève qui s'appelait Craig Bowker. C'était un garçon très estimable. Nous ne possédons pas d'informations solides sur l'identité de la personne responsable de cet acte, mais hier, nous avons perquisitionné la résidence St Oswald. L'une des chambres a révélé deux choses : d'abord une prophétie qui promettait… le retour des Ténèbres – ensuite, une proclamation écrite au plafond, selon laquelle le Seigneur des Ténèbres avait eu… Voldemort avait eu un enfant.

La nouvelle se répand en écho dans toute la salle.

Nous ne connaissons pas tous les détails. Nous en sommes aux débuts de l'enquête – nous interrogeons ceux qui ont des contacts avec des Mangemorts… et jusqu'à présent, aucun document n'a pu être découvert faisant état de l'enfant ou de la prophétie, mais il semble bien qu'il y ait là un fond de vérité. L'enfant a été cachée aux yeux du monde des sorciers et aujourd'hui, elle est – aujourd'hui, elle est…

LE PROFESSEUR McGONAGALL

Elle ? Une fille ? Il a eu une fille ?

HERMIONE

Oui, une fille.

LE PROFESSEUR McGONAGALL

Elle a été arrêtée ?

HARRY

Professeur, Hermione a demandé qu'il n'y ait pas de questions pour l'instant.

HERMIONE

Laisse, Harry. Non, professeur, et c'est là que les choses s'aggravent. J'ai bien peur que nous n'ayons aucun moyen de la placer en détention. Ou d'ailleurs de l'empêcher de faire quoi que ce soit. Elle est hors de notre portée.

LE PROFESSEUR McGONAGALL

Nous ne pouvons pas… la rechercher ?

HERMIONE

Nous avons de bonnes raisons de croire qu'elle s'est cachée – dans le temps.

LE PROFESSEUR McGONAGALL

Vous avez donc été assez stupide et imprudente pour conserver le Retourneur de Temps, même maintenant ?

HERMIONE

Professeur, je vous assure que…

LE PROFESSEUR McGONAGALL

Honte à vous, Hermione Granger !

HERMIONE *tressaille devant cette manifestation de fureur.*

HARRY

Non, elle ne mérite pas ça. Vous avez le droit d'être en colère. Vous en avez tous le droit. Mais ce n'est pas seulement la faute d'Hermione. Nous ignorons comment cette sorcière a pu s'emparer du Retourneur de Temps. Nous ne savons pas s'il ne lui a pas été donné par mon fils.

GINNY

S'il ne lui a pas été donné par *notre* fils. Ou si elle le lui a volé.

GINNY *rejoint* HARRY *sur l'estrade.*

LE PROFESSEUR McGONAGALL

Votre solidarité est certes admirable, mais elle ne rend pas pour autant votre négligence négligeable.

DRAGO

Alors, c'est une négligence dont je devrais partager la responsabilité.

DRAGO *s'avance vers l'estrade et se place au côté de* GINNY. *C'est un instant presque digne de la révolte de Spartacus. Le public est suffoqué.*

DRAGO

Hermione et Harry n'ont rien fait de mal, ils ont au contraire essayé de nous protéger tous. S'ils sont coupables, je le suis également.

HERMIONE *regarde sa cohorte d'alliés – elle est émue.* RON *se joint à eux sur l'estrade.*

RON

Je veux simplement dire… je ne savais pas grand-chose de tout ça, donc je ne peux pas me sentir responsable – et d'ailleurs, je suis sûr que mes enfants n'ont rien à voir là-dedans –, mais si tous ces gens sont là, alors je suis avec eux.

GINNY

Personne ne peut savoir où ils se trouvent – s'ils sont ensemble ou séparés. Je suis certaine que nos fils feront tout ce qu'ils peuvent pour empêcher cette créature d'agir, mais…

HERMIONE

Nous n'avons pas abandonné. Nous sommes allés voir les géants. Et les trolls. Tous ceux que nous avons pu trouver. Les Aurors sillonnent le ciel, ils cherchent, parlent à ceux qui détiennent des secrets, suivent ceux qui refusent de les révéler.

HARRY

Mais il y a une vérité à laquelle nous ne pouvons échapper : quelque part dans notre passé, une sorcière essaye de réécrire tout ce que nous savions jusqu'à maintenant – et la seule chose que nous puissions faire, c'est attendre – attendre le moment où elle réussira ou échouera.

LE PROFESSEUR McGONAGALL

Et si elle réussit ?

HARRY

Alors – tout simplement – la plupart de ceux qui sont présents dans cette salle auront disparu, nous n'existerons plus et Volde-mort détiendra à nouveau le pouvoir.

ACTE IV SCÈNE 2

HIGHLANDS D'ÉCOSSE,
DANS LA GARE FERROVIAIRE D'AVIEMORE, 1981

ALBUS *et* SCORPIUS *observent le* CHEF DE GARE *avec appréhension.*

ALBUS

L'un de nous deux devrait lui parler, tu ne crois pas ?

SCORPIUS

C'est ça, on va lui dire : « Bonjour, monsieur le chef de gare, monsieur le Moldu. Une question : Avez-vous vu une sorcière volante passer dans le coin ? Et au fait, en quelle année sommes-nous ? » Nous nous sommes enfuis de Poudlard parce que nous avions peur de tout bouleverser, mais ça, c'est bien, à ton avis ?

ALBUS

Tu sais ce qui m'énerve plus que tout ? C'est que mon père va penser que nous avons agi délibérément.

SCORPIUS

Vraiment, Albus ! Non mais vraiment, quoi ! On est coincés – perdus – dans le temps, sans doute à tout jamais – et toi, tout ce qui t'inquiète, c'est ce que ton père pourrait en penser ? Je ne vous comprendrai jamais, tous les deux.

ALBUS

Il y a beaucoup de choses à comprendre. Mon père est assez compliqué.

SCORPIUS

Et pas toi ? Je ne voudrais pas critiquer tes goûts en matière de femmes, mais tu avais un faible pour… enfin, bon…

Tous deux savent de qui il parle.

ALBUS

C'est vrai, j'avais un faible pour elle. Et quand on voit ce qu'elle a fait à Craig…

SCORPIUS

Il ne faut pas y penser. Concentrons-nous sur le fait que nous n'avons pas de baguettes magiques, pas de balais volants, aucun moyen de revenir dans notre propre temps. Tout ce que nous avons, c'est notre intelligence et aussi… non, notre intelligence, c'est tout – mais nous devons absolument arrêter cette fille.

LE CHEF DE GARE *(avec un très fort accent écossais)*
Savez que l'train, eul'Vieux Fumeux, l'est à r'tard, les jeunes ?

SCORPIUS

Pardon ?

LE CHEF DE GARE

Si c'est eul'Vieux Fumeux qu'vs'attendez, faut savoir qu'l'est à r'tard. Font des travaux su'la voie. Ça marqué su'l'panneau qu'l'a changé.

Il les regarde. Eux aussi le regardent, déconcertés. Il fronce les sourcils et leur tend un horaire mis à jour. Il leur montre quelque chose sur la partie droite.

À r'tard.

ALBUS *prend le nouvel horaire. Son visage change lorsqu'il découvre quelque chose d'une énorme importance.* SCORPIUS *se contente de regarder fixement le* CHEF DE GARE.

ALBUS

Je sais où elle est, maintenant.

SCORPIUS

Tu as compris ce qu'il a dit ?

ALBUS

Regarde la date. Sur l'horaire.

SCORPIUS *se penche et lit.*

SCORPIUS

Le 30 octobre 1981. La veille de Halloween, il y a trente-neuf ans. Mais… pourquoi est-elle… ? Oh.

Le visage de SCORPIUS *se décompose quand il comprend.*

ALBUS

Le jour de la mort de mes grands-parents. L'attaque contre mon père quand il était bébé… Le moment où le maléfice de Voldemort a rebondi sur lui. Elle n'essaye pas d'accomplir la prophétie – elle essaye d'empêcher la grande.

SCORPIUS

La grande ?

ALBUS

La grande prophétie : « Celui qui a le pouvoir de vaincre le Seigneur des Ténèbres approche… »

SCORPIUS *récite avec lui.*

SCORPIUS *et* ALBUS

« … Il naîtra de ceux qui l'ont par trois fois défié, il sera né lorsque mourra le septième mois… »

À chaque mot, les traits de SCORPIUS *s'affaissent davantage.*

SCORPIUS

C'est ma faute. Je lui ai dit qu'on peut empêcher une prophétie de s'accomplir – je lui ai dit que la logique même des prophéties est contestable…

ALBUS

Dans vingt-quatre heures, Voldemort se jettera un maléfice à lui-même en essayant de tuer Harry Potter bébé. Delphi veut empêcher que ce maléfice soit lancé. Elle va tuer Harry Potter elle-même. Il faut qu'on aille à Godric's Hollow. Tout de suite.

ACTE IV   SCÈNE 3

GODRIC'S HOLLOW, 1981

ALBUS *et* SCORPIUS *traversent le centre de Godric's Hollow. C'est un beau petit village, très animé.*

SCORPIUS

Il n'y a apparemment pas le moindre signe d'une attaque…

ALBUS

C'est ça, Godric's Hollow ?

SCORPIUS

Ton père ne t'y a jamais emmené ?

ALBUS

Non, il a essayé deux ou trois fois, mais j'ai refusé.

SCORPIUS

En tout cas, on n'a pas le temps de visiter – il faut que nous sauvions le monde des agissements d'une sorcière criminelle –, mais tu peux contempler… l'église St Jérôme.

Il pointe le doigt et une église devient alors visible.

ALBUS

Elle est magnifique.

SCORPIUS

Et le cimetière de St Jérôme est censé être magnifiquement hanté. (*Il montre une autre direction.*) C'est là que la statue de Harry et de ses parents se trouvera…

ALBUS

Mon père a une statue ?

SCORPIUS

Oh, pas encore. Mais il en aura une. Espérons-le. Et ça, c'est la maison qu'habitait Bathilda Tourdesac, qu'elle habite en ce moment…

ALBUS

La Bathilda Tourdesac ? La Bathilda Tourdesac auteur d'*Histoire de la magie* ?

SCORPIUS

Elle-même. Oh, ça alors, regarde, c'est elle. Waouh. Gloups. Ma grosse tête en tremble d'émotion.

ALBUS

Scorpius !

SCORPIUS

Et là, c'est…

ALBUS

La maison de James, Lily et Harry Potter…

Un jeune couple beau et séduisant quitte la maison avec un bébé dans une poussette. ALBUS *s'avance vers eux, mais* SCORPIUS *le retient.*

SCORPIUS

Il ne faut pas qu'ils te voient. Ça pourrait provoquer une perturbation du temps et nous n'allons pas prendre ce risque – pas cette fois-ci.

ALBUS

Mais alors, ça signifie qu'elle n'a pas… Nous avons réussi… Delphi n'a pas encore…

SCORPIUS

Et qu'est-ce qu'on fait, maintenant ? On se prépare à l'affronter ? Souviens-toi qu'elle est du genre… féroce.

ALBUS

Oui. On n'a pas vraiment réfléchi à ça, hein ? Qu'est-ce qu'on fait, maintenant ? Comment protéger mon père ?

ACTE IV   SCÈNE 4

MINISTÈRE DE LA MAGIE,
DANS LE BUREAU DE HARRY

HARRY *consulte précipitamment des piles de papier.*

DUMBLEDORE

Bonsoir, Harry.

Un temps. HARRY *lève les yeux vers le portrait de* DUMBLEDORE, *le visage sans expression.*

HARRY

Professeur Dumbledore. Dans mon bureau. Quel honneur ! Je suis donc au cœur de l'action, ce soir ?

DUMBLEDORE

Que fais-tu ?

HARRY

Je lis des papiers pour voir si quelque chose que j'aurais dû remarquer ne m'a pas échappé. Je rassemble des forces avec les moyens limités que nous avons pour nous battre. En sachant que le combat se déroule loin de nous. Que puis-je faire d'autre ?

Un silence. DUMBLEDORE *se tait.*

HARRY

Où étiez-vous, Dumbledore ?

DUMBLEDORE

Maintenant, je suis ici.

HARRY

Ici, juste au moment où la bataille est perdue. Ou bien allez-vous nier que Voldemort s'apprête à revenir ?

DUMBLEDORE

C'est… possible.

HARRY

Allez-vous-en. Partez. Je ne veux pas vous voir ici, je n'ai pas besoin de vous. Vous avez été absent chaque fois que c'était vraiment important. Je l'ai combattu trois fois sans vous. Je l'affronterai à nouveau, si c'est nécessaire – seul.

DUMBLEDORE

Harry, tu ne crois pas que je voulais le combattre pour toi ? Je t'aurais épargné, si je l'avais pu…

HARRY

L'amour rend aveugle ? Savez-vous seulement ce que cela veut dire ? Savez-vous seulement à quel point votre conseil était mauvais ? Mon fils est… mon fils est en train de mener une bataille pour nous, exactement comme j'ai dû le faire pour vous. Et je me suis révélé un aussi mauvais père pour lui que vous pour moi. Le laissant dans des endroits où il se sentait mal-aimé – faisant naître chez lui un ressentiment qu'il mettra des années à comprendre…

DUMBLEDORE

Si tu fais référence à Privet Drive, alors…

HARRY

Des années… des années que j'ai passées là-bas tout seul, sans savoir qui j'étais ou pourquoi j'étais là, sans savoir que quelqu'un pouvait s'intéresser à moi !

DUMBLEDORE

Je… ne voulais pas m'attacher à toi…

HARRY

Vous vous protégiez, même à cette époque !

DUMBLEDORE

Non. C'était toi que je protégeais. Je ne voulais pas te faire de mal.

DUMBLEDORE *essaye de sortir du portrait, mais c'est impossible. Il se met à pleurer, en s'efforçant de le cacher.*

DUMBLEDORE

Mais il fallait bien que je finisse par te rencontrer… quand tu avais onze ans. Et tu étais si courageux. Tu étais si bon. Tu as parcouru sans te plaindre le chemin qui s'ouvrait sous tes pas. Je t'aimais, bien sûr… et je savais que tout recommencerait… que lorsque j'éprouvais de l'amour, je provoquais des dégâts irréparables… Je ne suis pas doué pour aimer… Je n'ai jamais aimé sans faire de mal…

Un temps.

HARRY

Vous m'auriez fait moins de mal si vous m'aviez dit ça à l'époque.

DUMBLEDORE *(il pleure sans retenue, à présent)*

J'étais aveugle. C'est l'effet de l'amour. Je ne comprenais pas que tu avais besoin de savoir que ce vieil homme impénétrable, retors, dangereux… t'aimait…

Un silence. Les deux hommes sont submergés par l'émotion.

HARRY

Ce n'est pas vrai que je ne me suis jamais plaint.

DUMBLEDORE

Harry, il n'existe pas de réponse parfaite dans ce monde d'émotions et de désordre. La perfection est hors de portée de l'espèce humaine, hors de portée de la magie. Dans chaque instant rayonnant de bonheur, il y a cette goutte de poison : la conscience que la douleur reviendra. Pour un humain, souffrir, c'est comme respirer.

HARRY

Vous m'avez déjà dit ça, un jour.

DUMBLEDORE

C'est la seule chose que je puisse te proposer ce soir.

Il commence à s'éloigner.

HARRY

Ne partez pas !

DUMBLEDORE

Ceux que nous aimons ne nous quittent jamais vraiment, Harry. Il y a des choses que la mort ne peut atteindre. Les portraits… le souvenir… et l'amour.

HARRY

Je vous aimais aussi, Dumbledore.

DUMBLEDORE

Je le sais.

Il a disparu. Et HARRY *se retrouve seul.* DRAGO *entre alors.*

DRAGO

Tu savais que dans cette autre réalité – la réalité que Scorpius a vue – j'étais directeur de la Justice magique ? Ce bureau sera peut-être bientôt le mien. Tu te sens bien ?

HARRY *est consumé par son chagrin.*

HARRY

Viens, je vais te faire visiter.

DRAGO *s'avance dans la pièce d'un pas hésitant. Il lance un regard autour de lui, l'air dédaigneux.*

DRAGO

En fait, je n'ai jamais eu très envie d'être un homme de ministère. Même quand j'étais enfant. Mon père, c'était la seule chose qu'il désirait – moi, non.

HARRY

Qu'est-ce que tu voulais faire ?

DRAGO

Du Quidditch. Mais je n'étais pas assez bon. Et puis, surtout, je voulais être heureux.

HARRY *approuve d'un signe de tête.* DRAGO *le regarde encore un instant.*

Désolé, je ne suis pas très doué pour le bavardage, ça t'ennuierait qu'on passe aux choses sérieuses ?

HARRY

Non, bien sûr. Quelles choses… sérieuses ?

Un temps.

DRAGO

Tu crois que Theodore Nott possédait le dernier Retourneur de Temps ?

HARRY

Quoi ?

DRAGO

Le Retourneur de Temps saisi par le ministère était un proto-type. Fabriqué avec des matériaux bon marché. Oh, bien sûr, il fonctionne. Mais ne permet de retourner dans le temps que pendant cinq minutes – un grave défaut. Ce n'est pas un objet qu'on pourrait vendre à de vrais collectionneurs spécialisés dans les forces du Mal.

HARRY *prend conscience de ce que* DRAGO *est en train de lui expliquer.*

HARRY

Nott travaillait pour toi ?

DRAGO

Non. Pour mon père. Qui aimait beaucoup posséder des choses que personne d'autre n'avait. Les Retourneurs de Temps du ministère – grâce à Funestar – étaient un peu élémentaires pour lui. Il voulait avoir la possibilité de remonter le temps plus d'une heure en arrière, il voulait le remonter de plusieurs années. Il ne s'en serait jamais servi – secrètement, je pense qu'il préférait un monde sans Voldemort. Mais, oui, un Retourneur de Temps a été fabriqué pour lui.

HARRY

Et tu l'as gardé ?

DRAGO *lui montre le Retourneur de Temps.*

DRAGO

> Il n'a pas le problème des cinq minutes maximum et il brille comme de l'or, ce qui plaît toujours aux Malefoy. Je te vois sourire.

HARRY

> Hermione Granger. C'était pour ça qu'elle conservait le premier, par peur qu'il en existe un autre. Le garder chez toi pouvait te conduire tout droit à la prison d'Azkaban.

DRAGO

> Considère les choses d'un autre point de vue – imagine que des gens aient su que j'avais la possibilité de voyager dans le temps. Imagine la rumeur à laquelle on aurait donné de plus en plus de crédibilité.

HARRY *regarde* DRAGO ; *le comprenant parfaitement.*

HARRY

> Scorpius.

DRAGO

> Nous pouvions très bien avoir des enfants, mais Astoria était fragile. Une malédiction dans le sang, très grave. Un de ses ancêtres avait été maudit… et les effets s'étaient manifestés chez elle. Tu sais comme ces choses-là peuvent refaire surface après des générations.

HARRY

> Je suis navré, Drago.

DRAGO

> Je ne voulais pas mettre sa santé en danger, je lui ai dit que cela n'avait pas d'importance si la lignée des Malefoy disparaissait avec moi – quoi qu'en ait pensé mon père. Mais Astoria – ce n'était pas pour le nom des Malefoy, la pureté du sang ou la gloire qu'elle voulait un enfant, c'était pour nous. Notre enfant, Scorpius, est né… et cela a été le plus beau jour de notre vie, bien qu'Astoria s'en soit trouvée considérablement affaiblie. Nous avons vécu cachés, tous les trois. Je voulais ménager ses forces… alors, les rumeurs ont commencé.

HARRY

Je n'arrive pas à me représenter ce que ça a dû être.

DRAGO

Astoria avait toujours su qu'elle n'était pas promise à une longue vie. Elle voulait que j'aie quelqu'un avec moi lorsqu'elle partirait, parce que… on se sent terriblement seul quand on est Drago Malefoy. Je serai toujours soupçonné. On ne peut pas échapper au passé. Mais je ne savais pas qu'en le cachant pour le préserver des ragots, de ce monde qui nous juge sans cesse, je condamnais mon fils à subir des soupçons pires encore que ceux qu'on m'avait fait endurer.

HARRY

L'amour rend aveugle. Tous les deux, nous avons essayé de donner à nos fils non pas ce dont ils avaient besoin, mais ce dont nous avions besoin. Nous étions si occupés à réécrire notre propre passé que nous avons saccagé leur présent.

DRAGO

Et c'est pourquoi tu as besoin de ceci. Je l'ai conservé en ayant bien du mal à repousser l'envie de l'utiliser, alors que je serais prêt à vendre mon âme pour passer une minute de plus avec Astoria…

HARRY

Oh, Drago… nous ne pouvons pas. Nous ne pouvons pas nous en servir.

DRAGO *lève les yeux vers* HARRY *et, pour la première fois – au fond de ce gouffre abominable –, ils se voient comme des amis.*

DRAGO

Nous devons les retrouver – même si cela doit prendre des siècles, nous devons retrouver nos fils…

HARRY

Nous n'avons aucune idée de l'endroit ni du temps où ils sont allés. Explorer le temps lorsqu'on ne sait pas à quelle époque il faut chercher, c'est une folie. Non, l'amour n'y parviendra pas, pas plus qu'un Retourneur de Temps, j'en ai bien peur. C'est à nos fils d'agir, à présent – ce sont les seuls qui puissent nous sauver.

ACTE IV   SCÈNE 5

GODRIC'S HOLLOW, DEVANT LA MAISON DE JAMES ET LILY POTTER, 1981

ALBUS

On raconte tout à mon grand-père et à ma grand-mère ?

SCORPIUS

En leur disant qu'ils ne verront jamais leur fils grandir ?

ALBUS

Elle est suffisamment forte – je le sais –, tu l'as vue.

SCORPIUS

C'est une femme merveilleuse, Albus. Et si j'étais à ta place, je n'aurais qu'un seul désir, ce serait de lui parler. Mais il faut qu'elle puisse supplier Voldemort d'épargner la vie de Harry, il faut qu'elle pense qu'il pourrait mourir, et il n'y aurait pas pire que toi pour révéler à l'avance que ce n'est pas ce qui s'est passé…

ALBUS

Dumbledore. Dumbledore est vivant. On le met dans le coup. On fait comme toi avec Rogue…

SCORPIUS

Est-ce qu'on peut prendre le risque de lui dire que ton père a survécu ? Et qu'il a des enfants ?

ALBUS

C'est Dumbledore ! Il peut tout affronter !

SCORPIUS

Albus, il y a eu une bonne centaine de livres sur ce que Dumbledore savait, comment il le savait et pourquoi il faisait ce qu'il faisait. Mais la vérité incontestable, c'est que ce qu'il a fait, il faut qu'il le fasse – et je ne vais pas prendre le risque de m'en mêler. Quand j'ai demandé de l'aide à Rogue, c'est parce que je me trouvais dans une autre réalité. Ce n'est pas notre cas. Nous sommes dans le passé. Nous ne pouvons pas changer le cours des choses avec pour seul résultat de créer encore plus de problèmes – si nos aventures nous ont appris quelque chose, c'est bien ça. Les dangers de parler à qui que ce soit dans le passé – et d'infecter le déroulement du temps – sont beaucoup trop grands.

ALBUS

Alors, il faut parler… au futur. Il faut envoyer un message à mon père.

SCORPIUS

Mais nous n'avons pas de hibou qui puisse voler à travers les années. Et lui n'a pas de Retourneur de Temps.

ALBUS

Nous allons lui envoyer un message et il trouvera un moyen de venir jusqu'ici. Même s'il doit pour cela construire lui-même un Retourneur de Temps.

SCORPIUS

Envoyons un souvenir – comme dans une Pensine. On se place au-dessus du bébé et on envoie un message en espérant que ton père captera le souvenir exactement au bon moment. Il n'y a pas beaucoup de chances, mais… si on se penche sur le bébé, et qu'on crie plusieurs fois « À L'AIDE ! À L'AIDE ! À L'AIDE ! », ça va peut-être le traumatiser légèrement.

ALBUS

Très légèrement.

SCORPIUS

Un petit traumatisme maintenant n'est rien comparé à ce qui est en train de se passer. Peut-être que lorsqu'il y pensera – dans le futur –, il se souviendra de nos visages au moment où on criait.

ALBUS

À l'aide.

SCORPIUS *regarde* ALBUS.

SCORPIUS

Tu as raison. C'est débile comme idée.

ALBUS

Une des pires que tu aies jamais eues.

SCORPIUS

Ça y est ! On annonce la nouvelle nous-mêmes – on attend quarante ans –, et on lui dit tout…

ALBUS

Aucune chance – une fois que Delphi aura organisé le temps à sa manière, elle enverra des armées pour essayer de nous capturer – de nous tuer…

SCORPIUS

Alors, on se cache dans un trou ?

ALBUS

Quel que soit le plaisir qu'on puisse éprouver à passer les quarante prochaines années caché dans un trou avec toi… ils nous retrouveront. On mourra et le temps sera bloqué dans une mauvaise position. Non. Il faut quelque chose qu'on parvienne à contrôler, quelque chose dont on soit sûrs qu'il le recevra exactement au bon moment. Il nous faut un…

SCORPIUS

Il n'existe rien dans ce genre-là. En tout cas, si je devais choisir un compagnon pour être avec moi quand reviendront les ténèbres éternelles, c'est toi que je choisirais.

ALBUS

Sans vouloir t'offenser, moi, je choisirais plutôt quelqu'un de grand et fort et qui soit très bon en magie.

LILY *sort de la maison avec* HARRY BÉBÉ *dans un landau. Elle étend soigneusement une couverture sur lui.*

ALBUS

Sa couverture. Elle l'enveloppe dans sa couverture.

SCORPIUS

Ben oui, il fait un peu froid.

ALBUS

Il a toujours dit que c'est la seule chose qui lui reste d'elle. Regarde avec quel amour elle le borde – je crois qu'il aimerait savoir ça, je voudrais pouvoir le lui dire.

SCORPIUS

Et moi, je voudrais pouvoir dire à mon père… En fait, je ne sais pas vraiment quoi. Sans doute, j'aimerais lui dire qu'à l'occasion, je suis capable de montrer plus de courage qu'il ne m'en croit capable.

ALBUS *a une idée*.

ALBUS

Scorpius – mon père a toujours cette couverture.

SCORPIUS

Ça ne marchera pas. Si on écrit un message dessus maintenant, même en tout petit, il le lira trop tôt. On gâchera du temps.

ALBUS

Qu'est-ce que tu sais sur les potions d'Amour ? Quel est l'ingré-dient qu'elles contiennent toutes ?

SCORPIUS

Entre autres, de la poudre de nacre.

ALBUS

La poudre de nacre est un ingrédient relativement rare, non ?

SCORPIUS

C'est surtout parce qu'elle est assez chère. Qu'est-ce que tu as en tête, Albus ?

ALBUS

Mon père et moi, nous nous sommes disputés la veille de la rentrée à Poudlard.

SCORPIUS

Ça, il me semble que je suis au courant. Je crois même que c'est ce qui nous a précipités dans cette galère.

ALBUS

J'ai jeté la couverture à travers la chambre. Elle est tombée sur la potion d'Amour qu'oncle Ron m'avait donnée pour rire.

SCORPIUS

Il est très drôle.

ALBUS

La potion s'est renversée, elle a imbibé la couverture et je sais d'une manière certaine que ma mère n'a pas laissé mon père toucher à quoi que ce soit dans cette chambre depuis que je l'ai quittée.

SCORPIUS

Et alors ?

ALBUS

Et alors, on approche de Halloween à la fois dans leur temps et dans le nôtre. Or, il m'a toujours dit qu'il a besoin de retrouver cette couverture le jour de Halloween – c'est la dernière chose que sa mère lui ait laissée –, donc il va la chercher et quand il la trouvera…

SCORPIUS

Non, je ne vois toujours pas où tu veux en venir.

ALBUS

Qu'est-ce qui réagit à la poudre de nacre ?

SCORPIUS

Eh bien, on dit que si on mélange de la teinture de Demiguise avec de la poudre de nacre… elles s'enflamment.

ALBUS

Et est-ce que la teinture de (*il n'est pas très sûr du mot*) Demiguise est visible à l'œil nu ?

SCORPIUS

Non.

ALBUS

Donc, si on arrivait à prendre cette couverture et à écrire dessus avec de la teinture de Demiguise, alors…

SCORPIUS *(il comprend enfin)*

> Rien ne la ferait réagir, sauf si elle entrait en contact avec une potion d'Amour. Dans ta chambre. Dans le temps présent. Par Dumbledore, c'est une idée géniale.

ALBUS

> Il faut simplement qu'on s'arrange pour trouver des… Demi-guises.

SCORPIUS

> Tu sais, selon la rumeur, Bathilda Tourdesac n'a jamais compris la nécessité pour les sorciers de fermer leur porte à clé.

La porte s'ouvre.

SCORPIUS

> La rumeur avait raison. C'est le moment de voler des baguettes magiques et de nous lancer dans les potions.

ACTE IV   SCÈNE 6

MAISON DE HARRY ET GINNY POTTER,
DANS LA CHAMBRE D'ALBUS

HARRY *est assis sur le lit d'*ALBUS. GINNY *entre et le regarde.*

GINNY

Ça m'étonne de te trouver ici.

HARRY

Ne t'inquiète pas, je n'ai touché à rien. Ton sanctuaire est pré-
servé. *(Il grimace.)* Désolé. J'ai mal choisi le mot.

GINNY *ne dit rien.* HARRY *lève les yeux vers elle.*

Tu sais que j'ai vécu de terribles moments les jours de Halloween –
mais aujourd'hui, c'est sans aucun doute le deuxième dans l'horreur.

GINNY

J'ai eu tort de te rendre responsable – je t'ai toujours accusé
d'avoir tendance à conclure trop vite et, cette fois, c'est moi
qui... Albus a disparu et j'ai pensé que c'était ta faute. Je regrette
d'avoir pensé ça.

HARRY

Tu ne crois pas que c'était ma faute ?

GINNY

Harry, il a été kidnappé par une puissante sorcière au service des
forces du Mal, comment pourrais-tu en être responsable ?

HARRY

Je l'ai fait fuir. Je l'ai fait fuir vers elle.

GINNY

Ne pourrait-on pas se comporter comme si la bataille n'était pas déjà perdue ?

GINNY *hoche la tête.* HARRY *se met à pleurer.*

HARRY

Je suis désolé, Gin…

GINNY

Tu ne m'écoutes donc pas ? Moi aussi, je suis désolée.

HARRY

Je n'aurais pas dû survivre – mon destin était de mourir –, même Dumbledore le pensait – et pourtant, j'ai survécu. J'ai vaincu Voldemort. Tous ces gens – *tous* ces gens –, mes parents, Fred, les Cinquante tombés au combat… et c'est moi qui survis ? Comment ça se fait ? Tout ce désastre – et par ma faute.

GINNY

Ils ont été tués par Voldemort.

HARRY

Mais si je l'avais arrêté avant ? Tout ce sang sur mes mains. Et maintenant, c'est notre fils qui a été emporté, lui aussi…

GINNY

Il n'est pas mort. Tu m'entends, Harry ? Il n'est pas mort !

Elle prend HARRY *dans ses bras. Il y a un long moment de silence où l'on sent un malheur absolu.*

HARRY

Le Survivant. Combien de gens ont-ils dû mourir pour que vive le Survivant ?

HARRY *oscille un instant, incertain. Puis son regard tombe sur la couverture. Il se dirige vers elle.*

Cette couverture, c'est tout ce que j'ai, tu sais… Tout ce qui me reste de ce jour de Halloween. C'est la seule chose qui puisse me rappeler leur souvenir. Et pendant que…

Il prend la couverture et découvre qu'elle est trouée par endroits. Il la regarde, consterné.

Elle a des trous. Cette stupide potion d'Amour de Ron a attaqué l'étoffe et l'a transpercée. Regarde ça. Elle est fichue. Complètement fichue.

Il déplie la couverture et voit alors que les trous, là où l'étoffe est brûlée, forment des mots. Il est surpris.

Quoi ?

GINNY

Harry, il y a quelque chose d'écrit...

ALBUS *et* SCORPIUS *apparaissent un peu plus loin, sur la scène.*

ALBUS

Papa...

SCORPIUS

On commence par « papa » ?

ALBUS

Comme ça, il saura que ça vient de moi.

SCORPIUS

Il s'appelle Harry. On devrait commencer par « Harry ».

ALBUS *(résolu)*

On commence par « papa ».

HARRY

« Papa », est-ce que c'est vraiment « papa » ? On ne voit pas bien...

SCORPIUS

« Papa, À L'AIDE. »

GINNY

Allô ? C'est bien « allô » qui est écrit là ? Et ensuite... « Gothic »...

HARRY

« Papa Allô Gothic Allô » ? C'est une... étrange plaisanterie.

ALBUS

« Papa. À l'aide. Godric's Hollow. »

GINNY

Donne-moi ça, j'ai une meilleure vue que toi. Oui. « Papa Allô Gothic » – non, ensuite, ce n'est pas « Allô » – c'est « Hallow »

ou « Hollow » ? Et il y a des chiffres. Qui sont plus lisibles – « 3…
1… 1… 0… 8… 1 ». Est-ce que c'est un numéro de téléphone
de Moldu ? Ou des coordonnées géographiques, ou un…

HARRY *lève les yeux. Des pensées se télescopent dans sa tête.*

HARRY

Non, c'est une date. 31 octobre 1981. La date à laquelle mes
parents ont été tués.

GINNY *regarde* HARRY *puis à nouveau la couverture.*

GINNY

Et ça, ça ne veut pas dire « Allô », mais « À l'aide ».

HARRY

« Papa. À l'aide. Godric's Hollow. 31/10/81. » C'est un message.
Ce brillant garçon m'a envoyé un message.

HARRY *embrasse* GINNY *très fort.*

GINNY

C'est Albus qui a écrit ça ?

HARRY

Pour me dire où ils sont et à quelle époque ils se trouvent. Nous
savons maintenant où affronter cette sorcière.

Il embrasse à nouveau GINNY, *toujours aussi fort.*

GINNY

Nous ne les avons pas encore retrouvés.

HARRY

Je vais envoyer un hibou à Hermione. Toi, tu en envoies un à
Drago. On va leur dire de nous retrouver à Godric's Hollow avec
le Retourneur de Temps.

GINNY

Et j'insiste bien sur le « nous », d'accord ? Ne songe même pas à
remonter le temps sans moi, Harry.

HARRY

Bien sûr que tu m'accompagnes. On a enfin une chance, Ginny,
et, par Dumbledore, c'est la seule chose dont nous ayons besoin
– une chance.

ACTE IV   SCÈNE 7

GODRIC'S HOLLOW

HARRY, RON, HERMIONE, DRAGO *et* GINNY *marchent dans le Godric's Hollow du temps présent. C'est maintenant une petite ville prospère (elle s'est développée au cours des années).*

HERMIONE

Godric's Hollow. Ça doit faire je ne sais combien de temps…

GINNY

C'est une impression que j'ai, ou est-ce qu'il y a vraiment plus de Moldus qu'avant ?

HERMIONE

C'est devenu un endroit à la mode pour passer le week-end.

DRAGO

Je comprends pourquoi – regardez les toits de chaume. Et ça c'est un marché directement du producteur au consommateur ?

HERMIONE *s'approche de* HARRY – *qui regarde autour de lui, submergé par tout ce qu'il voit.*

HERMIONE

Tu te souviens de la dernière fois où on est venus ici ? On a l'impression de retourner au bon vieux temps.

RON

Le bon vieux temps avec, en prime, quelques catogans plutôt malvenus.

DRAGO *comprend très bien quand on lui envoie une pique.*

DRAGO
Est-ce que je pourrais préciser…

RON
Malefoy, tu peux nous la jouer copain-copain avec Harry, et tu as peut-être engendré un enfant relativement sympathique, mais tu as dit des choses très injustes à ma femme et sur ma femme…

HERMIONE
Et ta femme n'a pas besoin que tu te battes à sa place.

HERMIONE *fusille* RON *du regard. Il encaisse.*

RON
Très bien. Mais si jamais tu prononces un seul mot contre elle ou contre moi…

DRAGO
Qu'est-ce que tu feras, Weasley ?

HERMIONE
Il te serrera contre lui. Parce que nous sommes dans la même équipe, maintenant, n'est-ce pas, Ron ?

RON *(hésitant devant le regard sévère que lui lance* HERMIONE*)*
Très bien. Je… heu… je trouve que tu as une très belle coupe de cheveux, Drago.

HERMIONE
Merci, mon cher mari. Ici, ça me semble un bon endroit. Allons-y…

DRAGO *sort le Retourneur de Temps qui se met en mouvement dans un tourbillon frénétique tandis que les autres se placent tout autour. Une immense clarté balaye alors la scène. Un grand fracas retentit. Et le temps s'arrête. Il se retourne, semble réfléchir un instant, et commence à revenir en arrière, lentement au début…*
Puis de plus en plus vite.
Ils jettent un coup d'œil alentour.

RON
Alors ? Ça a marché ?

ACTE IV   SCÈNE 8

GODRIC'S HOLLOW,
DANS UNE CABANE, 1981

ALBUS *lève les yeux, émerveillé de voir* GINNY *puis* HARRY *et enfin le reste de la joyeuse bande (*RON, DRAGO *et* HERMIONE*).*

ALBUS

MAMAN !

HARRY

Albus Severus Potter. Tu ne peux pas savoir ce qu'on est contents de te voir.

ALBUS *court et se jette dans les bras de* GINNY. GINNY *le serre contre elle, avec une expression de bonheur.*

ALBUS

Vous avez reçu notre mot… ?

GINNY

Nous avons eu votre mot, en effet.

SCORPIUS *s'avance vers son père d'un pas rapide.*

DRAGO

On peut s'embrasser aussi, si tu veux…

SCORPIUS *regarde son père, pendant un moment d'incertitude.*

Ils s'étreignent alors vaguement d'une manière très gauche. DRAGO *sourit.*

RON

Et maintenant, où est cette Delphi ?

SCORPIUS

Vous êtes au courant pour Delphi ?

ALBUS

Elle est ici : on pense qu'elle essaye de te tuer, papa, avant que Voldemort ne lance le maléfice qui va l'atteindre lui-même. Elle veut te tuer et, comme ça, empêcher la prophétie de s'accomplir…

HERMIONE

Oui, nous aussi, nous pensions que ce pouvait être ça. Est-ce que tu sais où elle se trouve exactement en ce moment ?

SCORPIUS

Elle a disparu. Comment avez-vous… comment avez-vous pu, sans le Retourneur de Temps…

HARRY *(l'interrompant)*

C'est une histoire longue et compliquée, Scorpius. Et on n'a pas le temps de la raconter.

DRAGO *adresse à* HARRY *un sourire reconnaissant.*

HERMIONE

Harry a raison. Le temps est essentiel. Il faut que tout le monde se mette en position. Godric's Hollow n'est pas très grand, mais Delphi peut surgir de n'importe où. Nous devons donc nous poster dans un endroit qui donne une bonne vue de tout le village, qui permette d'avoir plusieurs points d'observation bien dégagés, et qui, plus important encore, nous tienne cachés pour qu'on ne risque pas de nous repérer.

Tous réfléchissent, sourcils froncés.

HERMIONE

Je dirais que l'église St Jérôme remplit toutes ces conditions, vous ne croyez pas ?

ACTE IV   SCÈNE 9

GODRIC'S HOLLOW, DANS LE SANCTUAIRE DE L'ÉGLISE, 1981

ALBUS *dort sur un des bancs de l'église.* GINNY *l'observe avec attention.* HARRY *regarde par la fenêtre opposée.*

HARRY

Non. Toujours rien. Pourquoi n'est-elle pas là ?

GINNY

Nous sommes ensemble, ton père et ta mère sont vivants. Nous pouvons remonter le temps, Harry, nous ne pouvons pas l'accélérer. Elle viendra quand elle sera prête et alors, nous aussi, nous serons prêts à la recevoir.

*Elle contemple la silhouette d'*ALBUS *qui dort toujours.*

GINNY

En tout cas, certains d'entre nous le seront.

HARRY

Pauvre garçon, il pensait qu'il devait sauver le monde.

GINNY

Le pauvre garçon a sauvé le monde. L'idée de la couverture, c'était un coup de maître. Bon, d'accord, il a aussi failli détruire le monde, mais il vaut sans doute mieux ne pas s'attarder sur ce point.

HARRY

Tu crois qu'il va bien ?

GINNY

Ça viendra, mais il lui faudra peut-être un peu de temps – et à toi aussi, il faudra un peu de temps.

HARRY *sourit.* GINNY *regarde à nouveau* ALBUS. *Lui aussi le regarde.*

GINNY

Tu sais, quand j'ai ouvert la Chambre des Secrets – après avoir été ensorcelée par Voldemort avec cet horrible journal intime et avoir presque tout détruit…

HARRY

Je m'en souviens.

GINNY

Quand je suis sortie de l'hôpital, tout le monde s'est détourné de moi, on ne me parlait plus – sauf le garçon qui avait tout pour lui et qui est venu dans la salle commune de Gryffondor me proposer une partie de Bataille explosive. Les gens pensent tout savoir sur toi, mais tes meilleurs moments sont – et ont toujours été – ceux où tu te montres héroïque d'une manière très discrète. Le point où je veux en venir, c'est que – lorsque tout ça sera terminé… essaye simplement de te rappeler, si tu le peux – que parfois, les gens – et surtout les enfants – ont simplement besoin d'avoir quelqu'un avec qui jouer à la Bataille explosive.

HARRY

Tu crois que c'est ça qui nous manque – une partie de Bataille explosive ?

GINNY

Non. Mais l'amour que j'ai senti chez toi ce jour-là – je ne suis pas sûre qu' Albus le ressente.

HARRY

Je ferais n'importe quoi pour lui.

GINNY

Harry, tu ferais n'importe quoi pour n'importe qui. Tu étais très heureux de te sacrifier pour le bien du monde entier. Mais Albus a besoin de sentir un amour particulier. Cela le rendra plus fort et toi aussi, tu en seras plus fort.

HARRY

Tu sais, c'est seulement quand nous avons pensé ne plus revoir Albus que j'ai vraiment compris ce que ma mère a été capable de faire pour moi. Un contre-sort si puissant qu'il a pu repousser le sortilège de la Mort.

GINNY

Et aussi, le seul sortilège que Voldemort ne pouvait comprendre – l'amour.

HARRY

J'ai pour lui un amour particulier, Ginny.

GINNY

Je le sais, mais il a besoin de le ressentir.

HARRY

J'ai vraiment de la chance de t'avoir, tu sais ?

GINNY

Beaucoup de chance. Et je serai enchantée de parler de cette très grande chance à un autre moment. Mais pour l'instant, concentrons-nous sur le moyen d'arrêter Delphi.

HARRY

Nous n'avons plus beaucoup de temps.

Une idée vient à GINNY.

GINNY

À moins que… Harry, est-ce que quelqu'un a pensé à la raison pour laquelle elle a choisi ce moment ? Aujourd'hui ?

HARRY

Parce que c'est le jour où tout a changé…

GINNY

Exactement. À présent, tu as un peu plus d'un an, je ne me trompe pas ?

HARRY

Un an et trois mois.

GINNY

Ça fait un an et trois mois pendant lesquels elle aurait pu te tuer. Même maintenant, puisqu'elle est à Godric's Hollow depuis vingt-quatre heures. Qu'est-ce qu'elle attend ?

HARRY

Je ne te suis pas très bien…

GINNY

Et si ce n'était pas toi qu'elle attendait – mais lui… pour retenir son geste ?

HARRY

Quoi ?

GINNY

Delphi a choisi ce soir parce qu'il est ici – parce que son père va venir. Elle veut le rencontrer. Être avec lui, le père qu'elle aime. Les problèmes de Voldemort ont commencé quand il t'a attaqué. S'il ne l'avait pas fait…

HARRY

Il serait devenu plus puissant encore – les ténèbres auraient été encore plus sombres.

GINNY

Le meilleur moyen d'empêcher la prophétie de se réaliser, ce n'est pas de tuer Harry Potter, c'est d'empêcher Voldemort de faire quoi que ce soit.

ACTE IV SCÈNE 10

GODRIC'S HOLLOW, DANS L'ÉGLISE, 1981

Le groupe est réuni dans une grande confusion.

RON

Attendez, comprenons-nous bien : nous allons nous battre pour protéger Voldemort ?

ALBUS

Voldemort qui tue mes grands-parents. Voldemort qui essaye de tuer mon père ?

HERMIONE

Bien sûr, tu as raison, Ginny. Delphi ne veut pas tuer Harry – elle veut empêcher Voldemort de tenter de le tuer. Génial.

DRAGO

Alors, on se contente d'attendre ? Jusqu'à ce que Voldemort apparaisse ?

ALBUS

Est-ce qu'elle sait quand il va se montrer ? Est-ce qu'elle n'est pas venue avec un jour d'avance, simplement parce qu'elle ne sait pas très bien quand il sera là ni d'où il viendra ? Les livres d'histoire – corrige-moi si je me trompe, Scorpius – ne donnent aucun détail sur le moment où il est arrivé à Godric's Hollow ni sur la façon dont il y est arrivé.

SCORPIUS *et* HERMIONE

Tu ne te trompes pas.

RON

Oh, non ! Ils s'y mettent à deux, maintenant !

DRAGO

Comment en tirer parti ?

ALBUS

Vous savez dans quoi je suis vraiment très bon ?

HARRY

Tu es bon dans plein de choses, Albus.

ALBUS

Le Polynectar. Et je pense que Bathilda Tourdesac possède dans sa cave tous les ingrédients nécessaires à sa fabrication. On peut se transformer en Voldemort pour attirer Delphi vers nous.

RON

Pour utiliser le Polynectar, il faut un petit morceau de la personne dont on veut prendre l'apparence. On n'a pas un petit morceau de Voldemort.

HERMIONE

Mais j'aime bien l'idée, une fausse souris pour son chat.

HARRY

Et par la métamorphose, on peut s'en approcher suffisamment ?

HERMIONE

Nous savons à quoi il ressemble. Il y a parmi nous d'excellents sorciers et sorcières.

GINNY

Tu veux te métamorphoser en Voldemort ?

ALBUS

C'est le seul moyen.

HERMIONE

C'est vrai, non ?

RON *fait courageusement un pas en avant.*

RON

Dans ce cas, j'aimerais bien – je crois que c'est à moi d'être lui. Bien sûr, ce ne sera pas… vraiment agréable de devenir Voldemort mais, sans vouloir me vanter, je suis sans doute beaucoup plus décontracté que vous… Alors peut-être que me métamorphoser en lui – en Seigneur des Ténèbres – sera moins nuisible pour moi que pour n'importe lequel d'entre vous qui êtes plus… intenses.

HARRY s'éloigne un peu, plongé dans ses pensées.

HERMIONE

Qui est-ce que tu trouves intense ?

DRAGO

Moi aussi, j'aimerais me porter volontaire. Je crois qu'être Voldemort demande de la précision… sans vouloir t'offenser, Ron… ainsi qu'une bonne connaissance des forces du Mal et…

HERMIONE

Et moi aussi, je suis volontaire. En tant que ministre de la Magie, je crois que c'est mon devoir et mon droit.

SCORPIUS

On devrait peut-être tirer au sort ?

DRAGO

Tu n'es pas volontaire, Scorpius.

ALBUS

En fait…

GINNY

Non, pas question. Je pense que vous êtes tous fous. Moi, je sais ce que c'est que d'avoir cette voix dans la tête. Et je ne veux plus jamais l'entendre…

HARRY

De toute façon… il faut que ce soit moi.

Tout le monde se tourne vers lui.

DRAGO

Quoi ?

HARRY

Pour que ce plan marche, il faut qu'elle croie que c'est lui, sans aucune hésitation. Elle parlera en Fourchelang – et je *savais* qu'il y avait une raison pour laquelle je possède encore cette faculté. Mais plus encore, je… sais ce qu'on ressent quand on est lui. Je sais ce que c'est que d'*être* lui. Il faut donc que ce soit moi.

RON

Complètement stupide. Joliment formulé, mais joliment stupide. Il n'est pas question que tu…

HERMIONE

J'ai bien peur que tu aies raison, mon vieil ami.

RON

Hermione, tu as tort. Devenir Voldemort, ce n'est pas une chose à faire – Harry ne devrait pas…

GINNY

Et je déteste être d'accord avec mon frère, mais…

RON

Il risque de rester sous la forme de Voldemort – pour toujours.

HERMIONE

Cela pourrait arriver à n'importe lequel d'entre nous. Tes inquiétudes sont légitimes, mais…

HARRY

Attendez, Hermione, Gin.

GINNY *et* HARRY *croisent leurs regards.*

HARRY

Je ne le ferai pas si vous ne voulez pas que je le fasse. Mais je crois que c'est la seule façon d'agir. Je me trompe ?

GINNY *réfléchit un moment puis hoche légèrement la tête en signe d'acquiescement. Les traits de* HARRY *se contractent.*

GINNY

Tu as raison.

HARRY

Alors, allons-y.

DRAGO

Il faut peut-être parler du chemin que tu vas prendre – le…

HARRY

Elle surveille les environs pour le voir. C'est elle qui viendra vers moi.

DRAGO

Et ensuite ? Quand elle sera avec toi ? Puis-je te rappeler que c'est une sorcière aux pouvoirs puissants ?

RON

Facile. Il l'amène ici. Et on la « supprime » tous ensemble.

DRAGO

On la « supprime » ?

HERMIONE *regarde autour d'elle.*

HERMIONE

Nous allons nous cacher derrière ces portes. Harry, si tu arrives à l'amener jusqu'ici (*elle indique l'endroit où la lumière qui filtre à travers la rosace éclaire le sol*), alors, nous surgissons tous en même temps. Elle n'aura aucune chance de s'échapper.

RON (*lançant un regard à* DRAGO)

Et nous la *supprimons.*

HERMIONE

Harry, pour la dernière fois, tu es vraiment sûr de pouvoir le faire ?

HARRY

Oui, je peux le faire.

DRAGO

Non, il y a trop d'incertitudes, trop de choses qui peuvent se passer très mal : la métamorphose ne tiendra peut-être pas, Delphi devinera peut-être la supercherie – si elle nous échappe maintenant, on ne mesure pas les dégâts qu'elle peut provoquer. Nous avons besoin de temps pour préparer convenablement un plan qui…

ALBUS

Drago, faites confiance à mon père. Il réussira.

HARRY *regarde* ALBUS – *ému.*

HERMIONE
À vos baguettes.

Chacun sort sa baguette magique. HARRY *serre la sienne entre ses
doigts. Une lumière se forme – écrasante.*
La métamorphose est lente et monstrueuse.
La silhouette de VOLDEMORT *émerge alors du corps de* HARRY. *Elle est
effroyable. Il se retourne, regarde ses amis et sa famille. Ils lui rendent
son regard – atterrés.*

RON
Oh, c'est pas vrai !

HARRY/VOLDEMORT
Alors, ça a marché ?

GINNY (*avec gravité*)
Oui. Ça a marché.

ACTE IV SCÈNE 11

GODRIC'S HOLLOW, DANS L'ÉGLISE, 1981

RON, HERMIONE, DRAGO, SCORPIUS *et* ALBUS *se tiennent devant la fenêtre et regardent au-dehors.* GINNY, *elle, ne peut rien voir car elle s'est assise plus loin en arrière.*

ALBUS *remarque que sa mère est restée à l'écart. Il s'avance vers elle.*

ALBUS

Tout se passera bien, tu sais, maman ?

GINNY

Je sais. Ou j'espère le savoir. Simplement, je ne veux pas le voir comme ça. L'homme que j'aime dans l'enveloppe de l'homme que je hais.

ALBUS *s'assied à côté d'elle.*

ALBUS

Je l'aimais bien, maman. Tu le sais ? Je l'aimais vraiment bien. Delphi. Et c'était – la fille de Voldemort ?

GINNY

Ils sont très doués pour ça, Albus – pour attraper des innocents dans leurs filets.

ALBUS

Tout est de ma faute.

GINNY *prend* ALBUS *dans ses bras.*

GINNY

C'est drôle. Ton père semble penser que tout est de sa faute à lui. Vous faites un étrange duo, tous les deux.

SCORPIUS

La voilà. La voilà. Elle l'a vu.

HERMIONE

En position. Tout le monde. Et souvenez-vous, personne ne se montre avant qu'il l'ait amenée dans le rayon de lumière. Nous n'avons droit qu'à un seul coup, il ne faut pas le rater.

Ils réagissent très vite.

DRAGO

Hermione Granger, je reçois des ordres d'Hermione Granger, maintenant. (*Elle se tourne vers lui, il sourit.*) Et j'ai plutôt tendance à aimer ça, modérément.

SCORPIUS

Papa…

Ils se dispersent et vont se cacher derrière deux grandes portes. HARRY/VOLDEMORT *revient dans l'église. Il fait quelques pas, puis se retourne.*

HARRY/VOLDEMORT

Quel que soit le sorcier ou la sorcière qui me suit, vous allez le regretter, soyez-en sûr.

DELPHI *apparaît derrière lui. On la sent entièrement soumise. C'est son père et le moment qu'elle a attendu toute sa vie est enfin arrivé.*

DELPHI

Lord Voldemort. C'est moi. Moi qui vous suis.

HARRY/VOLDEMORT

Je ne vous connais pas. Allez-vous-en.

Elle respire profondément.

DELPHI

Je suis votre fille.

HARRY/VOLDEMORT

Si vous étiez ma fille, je vous connaîtrais.

DELPHI *le regarde d'un air implorant.*

DELPHI

Je viens du futur. Je suis l'enfant de Bellatrix Lestrange, et votre enfant. Je suis née dans le manoir des Malefoy, avant la bataille de Poudlard. Une bataille que vous allez perdre. Je suis venue vous sauver.

HARRY/VOLDEMORT *se retourne. Elle croise son regard.*

DELPHI

C'est Rodolphus Lestrange, le loyal mari de Bellatrix, qui, à son retour d'Azkaban, m'a annoncé qui j'étais et a révélé la prophétie que j'étais destinée à réaliser, pensait-il. Je suis votre fille, Seigneur.

HARRY/VOLDEMORT

Je connais bien Bellatrix et il y a quelque chose d'elle dans votre visage – mais vous n'avez pas hérité du meilleur. De toute façon, sans preuve…

DELPHI *parle en Fourchelang, d'une voix intense.*

HARRY/VOLDEMORT *(il éclate d'un rire cruel)*
C'est cela, votre preuve ?

Sans effort, DELPHI *s'élève alors dans les airs.* HARRY/VOLDEMORT *fait un pas en arrière – ébahi.*

DELPHI

Je suis l'Augurey du Seigneur des Ténèbres et je suis prête à tout donner pour vous servir.

HARRY/VOLDEMORT *(s'efforçant de ne pas laisser percevoir sa stupéfaction)*
C'est par moi que vous avez appris à… voler ?

DELPHI

J'ai essayé de suivre le chemin que vous avez tracé.

HARRY/VOLDEMORT

Je n'avais pas encore rencontré de sorcière ou de sorcier qui eût tenté d'être mon égal.

DELPHI

Ne vous méprenez pas – je ne prétendrai jamais être digne de vous, Seigneur. Mais j'ai consacré ma vie à devenir une enfant dont vous pourriez être fier.

HARRY/VOLDEMORT *(l'interrompant)*

Je vois qui tu es et je vois qui tu pourrais être. Ma fille.

Elle l'observe, éperdue d'émotion.

DELPHI

Père ?

HARRY/VOLDEMORT

Tous les deux, quelle puissance nous pourrions exercer.

DELPHI

Père…

HARRY/VOLDEMORT

Approche, viens ici, à la lumière, que je voie mieux ce que mon sang a produit.

DELPHI

La mission que vous avez entreprise est une erreur. Attaquer Harry Potter est une erreur. Il vous détruira.

La main de HARRY/VOLDEMORT *redevient celle de* HARRY. *Il la regarde, stupéfait et consterné, puis la remonte précipitamment pour la cacher dans sa manche.*

HARRY/VOLDEMORT

C'est un bébé.

DELPHI

Il a l'amour de sa mère, votre maléfice rebondira sur lui, il vous détruira, il le rendra trop puissant et vous trop faible. Vous guérirez mais vous passerez dix-sept ans à lui livrer bataille – une bataille que vous finirez par perdre.

Les cheveux de HARRY/VOLDEMORT *commencent à repousser. Il le sent et tente de les couvrir en ramenant son capuchon sur sa tête.*

HARRY/VOLDEMORT

Alors, je ne l'attaquerai pas. Tu as raison.

DELPHI

Père ?

HARRY/VOLDEMORT *rétrécit – il est à présent plus* HARRY *que* VOLDE-MORT. *Il tourne le dos à* DELPHI.

DELPHI

Père ?

HARRY (*s'efforçant désespérément d'avoir toujours la voix de* VOLDEMORT)
Ton plan est bon. Le combat n'aura pas lieu. Tu m'as été très utile. À présent, viens dans la lumière, que je puisse t'examiner.

DELPHI *voit une des portes s'entrouvrir légèrement, puis se refermer. Elle fronce les sourcils en réfléchissant très vite, de plus en plus soupçonneuse.*

DELPHI

Père...

Elle essaye d'apercevoir à nouveau son visage. Leurs mouvements ressemblent presque à une danse.

DELPHI

Vous n'êtes pas Lord Voldemort.

DELPHI *fait jaillir un éclair de sa main.* HARRY *pare le coup.*

DELPHI

Incendio !

HARRY

Incendio !

Les deux éclairs se fracassent dans une magnifique explosion au milieu de l'église.
De son autre main, DELPHI *projette des éclairs en direction des deux portes au moment où les autres essayent de les ouvrir.*

DELPHI

Potter ! *Collaporta !*

HARRY *regarde les deux portes, désemparé.*

DELPHI

Quoi ? Tu pensais que tes amis allaient venir à ton secours ?

HERMIONE (*derrière la porte*)

Harry… Harry…

GINNY (*également derrière la porte*)

Elle a verrouillé les portes de ton côté.

HARRY

Très bien. Je m'occuperai d'elle tout seul.

Il se prépare à l'attaquer à nouveau. Mais elle est beaucoup plus forte. La baguette de HARRY *s'envole vers elle. Il est désarmé. Il est sans défense.*

HARRY

Comment as-tu… ? Tu es quoi, exactement ?

DELPHI

Je t'ai observé très longtemps, Harry Potter. Je te connais mieux que ne te connaissait mon père.

HARRY

Tu crois savoir où sont mes faiblesses ?

DELPHI

J'ai étudié pour être digne de lui ! Oui, bien qu'il soit le sorcier suprême, le plus grand de tous les temps, il sera fier de moi. *Expulso !*

HARRY *roule sur lui-même pour esquiver tandis que le sol explose derrière lui. Il rampe frénétiquement sous un banc de l'église, s'efforçant de trouver un moyen de combattre* DELPHI.

Tu essayes de m'échapper en rampant ? Harry Potter. Le héros du monde des sorciers. Qui rampe comme un rat. *Wingardium Leviosa !*

Le banc s'élève dans les airs.

Je me demande si ça vaut la peine de perdre du temps à te tuer, puisque dès que j'aurai réussi à empêcher mon père d'agir, ta destruction sera assurée. Comment décider ? Oh, je commence à m'ennuyer, je vais plutôt te tuer.

Elle précipite violemment le banc sur lui. Le banc se fracasse par terre alors que HARRY *roule à nouveau sur lui-même dans un effort désespéré pour s'échapper.*

ALBUS *émerge d'une grille aménagée dans le sol. Ni l'un ni l'autre ne l'ont vu.*

DELPHI

Avada…

ALBUS

Papa…

HARRY

Albus ! Non !

DELPHI

Ah, vous êtes deux, maintenant ? Choisir, toujours choisir. Je crois que je vais d'abord tuer le jeune. *Avada Kedavra !*

Elle lance le sortilège de la Mort sur ALBUS *– mais* HARRY *projette son fils hors de la trajectoire. L'éclair explose sur le sol.* HARRY *lance à son tour un éclair.*

DELPHI

Tu te crois donc plus fort que moi ?

HARRY

Non. Non, je ne suis pas plus fort.

*Sans merci, ils se lancent des éclairs l'un à l'autre pendant qu'*ALBUS *roule rapidement sur lui-même et envoie un sortilège sur l'une des portes puis sur une autre.*

HARRY

Mais ensemble, nous sommes plus forts.

ALBUS *ouvre les deux portes avec sa baguette magique.*

ALBUS

Alohomora ! Alohomora !

HARRY

Je n'ai jamais combattu seul, tu sais ? Et je ne le ferai jamais.

HERMIONE, RON, GINNY *et* DRAGO *surgissent par les portes maintenant ouvertes et lancent leurs sortilèges à* DELPHI *qui se met à hurler, exaspérée. C'est un combat de titans. Mais elle ne peut les affronter tous.*

Il y a une longue suite de détonations et soudain, submergée sous le nombre, DELPHI *trébuche puis tombe à terre.*

DELPHI

Non... Non...

HERMIONE

Brachialigo !

DELPHI *se retrouve ligotée.*
HARRY *s'avance vers elle. Il ne la quitte pas des yeux. Tous les autres restent en retrait.*

HARRY

Albus, ça va ?

ALBUS

Oui, papa, ça va.

HARRY *ne détourne toujours pas son regard de* DELPHI. *Il a encore peur d'elle.*

HARRY

Ginny, il a été blessé ? Je veux être sûr qu'il est indemne...

GINNY

Il a insisté. Il était le seul suffisamment petit pour se glisser à travers la grille. J'ai essayé de l'en empêcher.

HARRY

Dis-moi simplement qu'il est indemne.

ALBUS

Je vais très bien, papa. Je te le promets.

HARRY *continue d'avancer vers* DELPHI.

HARRY

Beaucoup de gens ont essayé de me faire du mal – mais mon fils ! Tu as osé faire du mal à mon fils !

DELPHI

Je voulais simplement connaître mon père.

Ces paroles prennent HARRY *par surprise.*

HARRY

On ne peut pas réécrire sa vie. Quand on est orphelin, on l'est pour toujours. C'est quelque chose qui ne vous quitte jamais.

DELPHI

Qu'on me laisse seulement… le voir.

HARRY

Je ne le peux pas et je ne le veux pas.

DELPHI *(véritablement pitoyable)*

Alors, il faut me tuer.

HARRY *réfléchit un moment.*

HARRY

Je ne peux pas faire ça non plus…

ALBUS

Quoi ? Mais papa ? Elle est dangereuse.

HARRY

Non, Albus…

ALBUS

C'est une criminelle – je l'ai vue tuer…

HARRY *se retourne. Il regarde son fils, puis* GINNY.

HARRY

Oui, Albus. C'est une criminelle. Et pas nous.

HERMIONE

Nous devons être meilleurs qu'eux.

RON

Ouais, c'est agaçant, mais c'est ce qu'on a appris.

DELPHI

Emparez-vous de mon esprit. De ma mémoire. Faites-moi oublier qui je suis.

RON

Non. On te ramènera dans notre temps.

HERMIONE

Et tu iras à Azkaban. Comme ta mère.

DRAGO

Où tu pourriras.

HARRY entend un bruit. Un sifflement.
Puis il y a un nouveau son, semblable à la mort – qui ne ressemble à rien de ce que nous avons jamais pu entendre.
Haaarry Potttttter…

SCORPIUS

Qu'est-ce que c'est que ça ?

HARRY

Non. Non. Pas encore.

ALBUS

Quoi ?

RON

Voldemort.

DELPHI

Père ?

HERMIONE

Maintenant ? Ici ?

DELPHI

Père !

DRAGO

Silencio ! (DELPHI *est bâillonnée.*) *Wingardium Leviosa !* (*Elle est projetée en l'air, un peu plus loin.*)

HARRY

Il arrive. Il arrive à l'instant même.

VOLDEMORT *apparaît au fond de la scène et la traverse. Puis il descend dans la salle. Il apporte la mort avec lui. Et chacun le sait.*

ACTE IV   SCÈNE 12

GODRIC'S HOLLOW, 1981

HARRY, *impuissant, suit* VOLDEMORT *des yeux.*

HARRY
Voldemort va tuer ma mère et mon père et je ne peux rien faire pour l'en empêcher.

DRAGO
Ce n'est pas vrai.

SCORPIUS
Papa, ce n'est pas le moment…

ALBUS
Il y a quelque chose que tu pourrais faire – pour l'arrêter. Mais tu ne le feras pas.

DRAGO
C'est héroïque.

GINNY *prend la main de* HARRY.

GINNY
Tu n'es pas obligé de regarder, Harry. Nous pouvons rentrer chez nous.

HARRY
Je vais laisser les choses suivre leur cours… Bien sûr que je dois regarder.

HERMIONE

Alors, nous serons tous témoins.

RON

On regardera tous.

Des voix qui ne nous sont pas familières s'élèvent…

JAMES (*au loin*)

Lily ! Prends Harry et va-t'en ! C'est lui ! Va-t'en ! Cours ! Je vais le retenir…

Il y a une détonation, puis un rire.

JAMES

Va-t'en, tu as compris ? Va-t'en !

VOLDEMORT (*au loin*)

Avada Kedavra !

HARRY *tressaille alors qu'une lumière verte emplit le théâtre.*
ALBUS *lui prend la main.* **HARRY** *s'y cramponne. Il en a besoin.*

ALBUS

Il a fait tout ce qu'il pouvait.

GINNY *apparaît au côté de* **HARRY** *et prend son autre main. Il s'affaisse entre eux, tous deux le maintiennent debout, à présent.*

HARRY

C'est ma mère, à la fenêtre. Je vois ma mère, elle est belle.

On entend un grand bruit provoqué par des portes qu'on défonce.

LILY (*au loin*)

Pas Harry, pas Harry, je vous en supplie, pas Harry…

VOLDEMORT (*au loin*)

Pousse-toi, espèce d'idiote… Allez, pousse-toi…

LILY (*au loin*)

Non, pas Harry, je vous en supplie, tuez-moi si vous voulez, tuez-moi à sa place…

VOLDEMORT (*au loin*)

C'est mon dernier avertissement…

LILY (*au loin*)

Non, pas Harry ! Je vous en supplie… Ayez pitié… Ayez pitié…
Pas mon fils ! Je vous en supplie… Je ferai ce que vous voudrez.

VOLDEMORT (*au loin*)

Avada Kedavra !

Et c'est comme si un éclair traversait le corps de HARRY. *Il est projeté
à terre, plongé dans un chaos de pur chagrin.*

*Alors, un son semblable à un hurlement réprimé descend puis remonte
autour de nous.*

Nous ne pouvons que regarder.

Et lentement, ce qui était sous nos yeux n'est plus là.

La scène se transforme, elle tourne sur elle-même.

Et HARRY, *sa famille, ses amis sont emportés dans ce tournoiement.*

ACTE IV   SCÈNE 13

GODRIC'S HOLLOW, DANS LA MAISON
DE JAMES ET LILY POTTER, 1981

Nous sommes à présent dans les ruines d'une maison. Une maison qui a subi une attaque violente.
HAGRID *s'avance parmi les décombres.*

HAGRID

James ?

Il regarde autour de lui.

Lily ??

Il marche lentement, ne voulant pas en voir trop, trop vite. Il est totalement bouleversé.
Puis il les aperçoit. Il se fige et ne dit rien pendant un moment.

Oh… Oh… Ce n'est pas… ce n'est pas… je n'étais pas… ils me l'ont dit, mais… J'espérais que ce serait pas aussi…

Il les regarde et baisse la tête. Il marmonne quelques mots, puis prend au fond de sa poche des fleurs froissées qu'il pose par terre.

Je suis désolé, ils me l'ont dit, il me l'a dit, Dumbledore me l'a dit, je peux pas attendre avec vous. Les Moldus vont venir, vous savez, avec leurs éclairs bleus et ça leur plaira pas de voir un gros lourdaud comme moi, pas vrai ?

Il laisse échapper un sanglot.

Mais c'est dur de vous laisser là. Je veux que vous le sachiez – vous serez pas oubliés – pas par moi – par personne.

Il entend alors un bruit. Le vagissement d'un bébé. HAGRID *se tourne dans cette direction, s'avançant avec plus de détermination, à présent. Il baisse les yeux et s'arrête devant le berceau qui semble diffuser une aura de lumière.*

Eh bien, salut, toi. Tu dois être Harry. Salut, Harry Potter. Je suis Rubeus Hagrid. Et je serai ton ami, que ça te plaise ou non. Parce que ça a été dur pour toi, même si tu le sais pas encore. Et t'auras besoin d'amis. Le mieux, ce serait que tu viennes avec moi, tu crois pas ?

Alors que des éclairs de lumière bleue remplissent l'endroit en lui donnant un éclat presque éthéré, HAGRID *soulève délicatement* HARRY *pour le prendre dans ses bras.*
Puis – sans regarder en arrière – il traverse la maison à grands pas et s'éloigne.
Nous sommes alors doucement plongés dans le noir.

ACTE IV   SCÈNE 14

POUDLARD, DANS UNE SALLE DE CLASSE

SCORPIUS *et* ALBUS, *surexcités, entrent en courant dans une salle de classe et claquent la porte derrière eux.*

SCORPIUS

Je n'arrive pas vraiment à croire que j'aie fait ça.

ALBUS

Moi non plus, je n'arrive pas vraiment à y croire.

SCORPIUS

Rose Granger-Weasley. J'ai demandé à Rose Granger-Weasley de sortir avec moi.

ALBUS

Et elle a dit non.

SCORPIUS

Oui, mais je lui ai demandé. C'est un début, j'ai planté la graine et cette graine grandira pour aboutir enfin à notre mariage.

ALBUS

Tu sais que tu es un rêveur total ?

SCORPIUS

Je serais d'accord avez toi si Polly Chapman ne m'avait pas demandé de l'emmener au bal de l'école.

ALBUS

Dans une autre réalité où tu étais infiniment – je dis bien infiniment – plus populaire que maintenant, une autre fille voulait sortir avec toi, ce qui veut dire...

SCORPIUS

Oui, la logique imposerait que je m'intéresse à Polly – ou que je la laisse s'intéresser à moi. Après tout, c'est une beauté notoire – mais une Rose est une Rose.

ALBUS

Tu sais, la logique imposerait de te considérer comme un cinglé. Rose te déteste.

SCORPIUS

Rectification, elle me haïssait, mais tu as vu son regard quand je lui ai posé la question ? Ce n'était pas de la haine, c'était de la pitié.

ALBUS

Et la pitié, c'est bien ?

SCORPIUS

La pitié, c'est un début, mon cher, une fondation sur laquelle bâtir un palais – un palais d'amour.

ALBUS

Je croyais sincèrement que je serais le premier de nous deux à avoir une copine.

SCORPIUS

Oh mais, bien sûr, sans aucun doute, et ce sera probablement cette nouvelle prof de potions avec son regard embrumé.

ALBUS

Je ne suis pas du tout attiré par les femmes plus âgées !

SCORPIUS

Et puis tu as du temps – beaucoup de temps – pour la séduire. Parce que moi, pour convaincre Rose, il me faudra des années.

ALBUS

J'admire ta confiance en toi.

ROSE *passe devant eux sur les marches d'un escalier proche. Elle les regarde tous les deux.*

ROSE

Salut.

Aucun des deux garçons ne sait vraiment comment répondre – ROSE *regarde* SCORPIUS.

ROSE

Si les choses paraissent bizarres, c'est parce que c'est toi qui les auras rendues bizarres.

SCORPIUS

Bien reçu et totalement compris.

ROSE

D'accord. Scorpion Roi.

Elle s'éloigne avec un sourire. SCORPIUS *et* ALBUS *échangent un coup d'œil.* ALBUS *sourit à son tour et donne un petit coup de poing sur le bras de* SCORPIUS.

ALBUS

Peut-être que tu as raison – la pitié est un début.

SCORPIUS

Tu viens sur le terrain de Quidditch ? Serpentard joue contre Poufsouffle – c'est un gros match…

ALBUS

Je croyais qu'on détestait le Quidditch ?

SCORPIUS

Les gens peuvent changer. D'ailleurs, je me suis entraîné. Je pense que je vais peut-être réussir à entrer dans l'équipe. Allez, viens.

ALBUS

Je ne peux pas. Mon père s'est arrangé pour venir me voir…

SCORPIUS

Il prend du temps libre sur son travail au ministère ?

ALBUS

Il veut qu'on aille se promener – quelque chose à me montrer…
à partager avec moi, enfin, quelque chose…

SCORPIUS

Une promenade ?

ALBUS

Je sais, ça doit être pour resserrer les liens, ou un truc de ce genre
qui donne envie de vomir. Mais quand même, je crois que je
vais y aller.

SCORPIUS *s'avance et serre* ALBUS *contre lui.*

Qu'est-ce qui te prend ? Je croyais qu'on avait décidé d'arrêter
les effusions ?

SCORPIUS

Je ne savais plus très bien. Si on devait ou pas. Maintenant que
j'ai une nouvelle version de nous dans la tête.

ALBUS

Tu devrais plutôt demander à Rose si c'est la chose à faire.

SCORPIUS

Ah, ouais ! Tu as raison.

Les deux garçons mettent fin à leur étreinte et échangent un sourire.

ALBUS

À ce soir, au dîner.

ACTE IV   SCÈNE 15

UNE COLLINE MAGNIFIQUE

Par une splendide journée d'été, HARRY *et* ALBUS *gravissent le flanc d'une colline.*
Ils ne disent rien, prenant plaisir à sentir le soleil sur leur visage tandis qu'ils grimpent.

HARRY

Alors, tu es prêt ?

ALBUS

Prêt à quoi ?

HARRY

C'est bientôt les examens de quatrième année, et puis il y aura la cinquième année – une année importante –, pendant ma cinquième année, j'ai fait…

Il regarde ALBUS. *Il sourit, puis se met à parler précipitamment.*

HARRY

J'ai fait beaucoup de choses. Des bonnes. Et des mauvaises. Et souvent assez troublantes.

ALBUS

C'est bon à savoir.

HARRY *sourit.*

Je les ai vus, tu sais, un petit peu – ta mère et ton père. Ils étaient… vous vous amusiez bien tous les trois. Ton père adorait te faire le coup des ronds de fumée et toi… tu n'arrêtais pas de rigoler.

HARRY

Ah oui ?

ALBUS

Je crois que tu les aurais vraiment aimés. Et je crois que Lily, James et moi, on les aurait aimés aussi.

HARRY *acquiesce d'un signe de tête. Un silence un peu embarrassant s'installe. Tous les deux essayent d'établir un contact, mais ils n'y parviennent ni l'un ni l'autre.*

HARRY

Tu sais, je croyais en avoir fini avec lui – Voldemort –, je pensais m'en être débarrassé… Et puis ma cicatrice a recommencé à me faire mal, j'ai rêvé de lui, j'arrivais même à parler en Fourchelang et, peu à peu, j'ai eu l'impression que je n'avais pas du tout changé – qu'il ne m'avait jamais quitté…

ALBUS

Et c'était vrai ?

HARRY

Ce qu'il y avait de Voldemort en moi était mort il y a longtemps, mais ce n'était pas suffisant d'être physiquement délivré de lui. Il fallait aussi que j'en sois libéré mentalement. Et ça, c'est une grande leçon pour un homme de quarante ans.

Il regarde ALBUS.

HARRY

Ce que je t'ai dit, c'était impardonnable et je ne peux pas te demander de l'oublier, j'espère simplement qu'on arrivera à dépasser ça. Je vais essayer d'être un meilleur père pour toi, Albus. Je vais essayer de… d'être sincère avec toi et…

ALBUS

Papa, tu n'as pas besoin de…

HARRY

Tu m'as dit un jour que je n'avais peur de rien et que… en fait, j'ai peur de tout, par exemple, j'ai peur dans le noir, tu savais ça ?

ALBUS

Harry Potter a peur dans le noir ?

HARRY

Je n'aime pas les endroits exigus et aussi – c'est une chose que je n'ai jamais révélée à personne –, je n'aime pas beaucoup… (*il hésite avant de prononcer le mot*) les pigeons.

ALBUS

Tu n'aimes pas les pigeons ?

HARRY (*il fronce le nez*)

Des petites choses sales, méchantes, gloutonnes. Ils me font froid dans le dos.

ALBUS

Les pigeons sont inoffensifs !

HARRY

Je sais. Mais ce qui me fait le plus peur, Albus Severus Potter, c'est d'être ton père. Parce que là, je n'ai pas de boussole. La plupart des gens, au moins, ont un père auquel se référer – pour essayer d'être comme lui ou de ne pas être comme lui. Moi, je n'ai rien – ou très peu. Alors j'apprends, d'accord ? Et je vais essayer, de toutes mes forces, d'être un bon père pour toi.

ALBUS

Et moi, j'essaierai d'être un meilleur fils. Je sais bien que je ne serai jamais James, papa, je ne serai jamais comme vous deux…

HARRY

James n'est pas du tout comme moi.

ALBUS

Vraiment ?

HARRY

Les choses sont faciles pour lui. Mon enfance à moi a été une lutte incessante.

ALBUS

La mienne aussi. Alors, tu veux dire que je suis… comme toi ?

HARRY *adresse un sourire à* ALBUS.

HARRY

En fait, tu es plus comme ta mère – intrépide, farouche, drôle –, ce qui me plaît bien et qui fait de toi un fils formidable.

ALBUS

J'ai failli détruire le monde.

HARRY

Delphi ne serait arrivée à rien, Albus – tu l'as amenée en pleine lumière et tu as trouvé un moyen pour nous de la combattre. Tu ne le vois peut-être pas maintenant, mais tu nous as sauvés.

ALBUS

Quand même, j'aurais dû faire mieux, non ?

HARRY

Tu crois que je ne me pose pas les mêmes questions ?

ALBUS (*sa sensation de malaise au creux de l'estomac s'accentue, il sait bien que ce n'est pas ce que son père aurait fait*)
Et puis, quand nous l'avons capturée, j'aurais voulu la tuer.

HARRY

Tu l'as vue assassiner Craig, tu étais très en colère, Albus, et c'est normal. De toute façon, tu ne serais pas allé jusqu'au bout.

ALBUS

Comment tu le sais ? Peut-être que c'est mon côté Serpentard. C'est peut-être ce que le Choixpeau magique a vu en moi.

HARRY

Je ne comprends pas ce qui se passe dans ta tête, Albus. En fait, tu sais quoi ? Tu es un adolescent, donc je ne suis pas censé comprendre ce que tu as dans le crâne, mais je comprends ce que tu as dans le cœur. Avant, je n'y étais pas arrivé – pendant longtemps – mais grâce à cette « escapade » je sais ce que tu as en toi. Serpentard, Gryffondor, quelle que soit l'étiquette qu'on t'ait collée, je sais – je le sais – que ton cœur est généreux.

Ouais, que ça te plaise ou non, tu es sur le bon chemin pour devenir un sacré sorcier.

ALBUS

Oh, je ne serai pas un sorcier, je vais plutôt élever des pigeons voyageurs. Ça me passionne.

HARRY *a un grand sourire.*

HARRY

Ces prénoms que nous t'avons donnés, il ne faut pas les considérer comme un fardeau. Albus Dumbledore aussi a subi des épreuves – et Severus Rogue... tu sais tout sur lui...

ALBUS

C'étaient des hommes bien.

HARRY

C'étaient de grands hommes, avec d'immenses défauts, et je vais te dire une chose : ces défauts les ont peut-être rendus encore plus grands.

ALBUS *regarde autour de lui.*

ALBUS

Papa, pourquoi on est ici ?

HARRY

J'y viens souvent.

ALBUS

Mais c'est un cimetière...

HARRY

Et voici la tombe de Cedric...

ALBUS

Papa ?

HARRY

Ce garçon qui a été tué – Craig Bowker –, tu le connaissais bien ?

ALBUS

Pas assez.

HARRY

Moi non plus, je ne connaissais pas assez Cedric. Il aurait pu jouer dans l'équipe d'Angleterre de Quidditch. Ou devenir un brillant Auror. Il aurait pu être ce qu'il voulait. Et Amos a raison – il a été volé. Alors, je viens ici. Simplement pour dire que je suis désolé. Quand je le peux.

ALBUS

C'est une bonne chose – de faire ça.

ALBUS rejoint son père devant la tombe de CEDRIC. HARRY *sourit à son fils et lève les yeux vers le ciel.*

HARRY

Je crois que ça va être une belle journée.

Il met la main sur l'épaule de son fils. Et tous deux – juste un peu – partagent la même émotion.

ALBUS *(avec un sourire)*

Je le crois aussi.

FIN

LES CRÉATEURS
DE L'HISTOIRE ORIGINALE

J.K. ROWLING
Histoire originale

J.K. Rowling est l'auteur des sept romans de la saga *Harry Potter*. Vendus à plus de 450 millions d'exemplaires et traduits en 79 langues, ils forment aujourd'hui l'une des œuvres les plus lues au monde. On lui doit également trois ouvrages de la Bibliothèque de Poudlard publiés au profit d'organisations caritatives. Elle a écrit par ailleurs des romans pour adultes : *Une place à prendre* et, sous le pseudonyme de Robert Galbraith, la série policière *Cormoran Strike*. En 2016, J.K. Rowling signe elle-même un nouveau volet du Monde des Sorciers avec le scénario du film *Les Animaux fantastiques*, dont elle est aussi productrice.

JOHN TIFFANY
Histoire originale et mise en scène

John Tiffany a mis en scène la comédie musicale *Once*, d'après le film du même nom, dans le West End à Londres, et à Broadway (New York). Cette réalisation a été couronnée par de très nombreuses récompenses. En tant que metteur en scène associé du théâtre londonien le Royal Court, il a dirigé, entre autres, *The Twits* (*Les Deux Gredins*), *Hope* et *The Pass*. Il a aussi mis en scène *Let the Right One In* pour le Théâtre national d'Écosse, pièce qui a été ensuite reprise dans les salles les plus prestigieuses de Londres et de New York. Plusieurs autres mises en scène, de pièces classiques (*Macbeth*, à Broadway) comme de créations, principalement réalisées pour le Théâtre national d'Écosse, lui ont valu une reconnaissance professionnelle et universitaire de premier plan, aux États-Unis – notamment à Harvard – comme en Grande-Bretagne.

JACK THORNE
Histoire originale et texte de la pièce

Jack Thorne écrit pour le théâtre, le cinéma, la télévision et la radio. Pour le théâtre, on lui doit, entre autres, *Hope* et l'histoire de vampires *Let the Right One In*, deux succès mis en scène par John Tiffany. Outre ses nombreuses créations originales, il a produit des adaptations très variées, tel l'ambitieux *Les Physiciens*, de l'auteur allemand Dürrenmatt. Pour le cinéma, Jack Thorne a écrit divers scénarios. Il travaille régulièrement pour la télévision et a reçu plusieurs récompenses du BAFTA (académie britannique des Arts de la télévision et du cinéma), notamment pour les mini-séries *This Is England* '88 et '90 ou pour *The Fades*, série consacrée aux fantômes. Il prépare actuellement l'adaptation de *À la croisée des mondes*, d'après la trilogie de Philip Pullman, pour la chaîne BBC One.

La pièce *Harry Potter et l'enfant maudit* (*parties un et deux*) a été produite pour la première fois par Sonia Friedman Productions, Colin Callender et Harry Potter Theatrical Productions. La première représentation a eu lieu au Palace Theatre, à Londres, le 30 juillet 2016, avec la distribution suivante.

DISTRIBUTION DES RÔLES *par ordre alphabétique*

CRAIG BOWKER JR	Jeremy Ang Jones
MIMI GEIGNARDE, LILY POTTER SR	Annabel Baldwin
L'ONCLE VERNON, SEVERUS ROGUE, VOLDEMORT	Paul Bentall
SCORPIUS MALEFOY	Anthony Boyle
ALBUS POTTER	Sam Clemmett
HERMIONE GRANGER	Noma Dumezweni
POLLY CHAPMAN	Claudia Grant
HAGRID, LE CHOIXPEAU MAGIQUE	Chris Jarman
YANN FREDERICKS	James Le Lacheur
LA TANTE PÉTUNIA, MADAME BIBINE, DOLORES OMBRAGE	Helena Lymbery
AMOS DIGGORY, ALBUS DUMBLEDORE	Barry McCarthy
LA SORCIÈRE AUX BONBONS, LE PROFESSEUR McGONAGALL	Sandy McDade
LE CHEF DE GARE	Adam McNamara
GINNY POTTER	Poppy Miller
CEDRIC DIGGORY, JAMES POTTER JR, JAMES POTTER SR	Tom Milligan
DUDLEY DURSLEY, KARL JENKINS, VIKTOR KRUM	Jack North
HARRY POTTER	Jamie Parker
DRAGO MALEFOY	Alex Price
BANE	Nuno Silva

ROSE GRANGER-WEASLEY, HERMIONE JEUNE	Cherrelle Skeete
DELPHI DIGGORY	Esther Smith
RON WEASLEY	Paul Thornley

HARRY POTTER JEUNE
- Rudi Goodman
- Alfred Jones
- Bili Keogh
- Ewan Rutherford
- Nathaniel Smith
- Dylan Standen

LILY POTTER JR
- Zoe Brough
- Cristina Fray
- Christiana Hutchings

AUTRES RÔLES JOUÉS PAR

Nicola Alexis, Jeremy Ang Jones, Rosemary Annabella, Annabel Baldwin, Jack Bennett, Paul Bentall, Morag Cross, Claudia Grant, James Howard, Lowri James, Chris Jarman, Martin Johnston, James Le Lacheur, Helena Lymbery, Barry McCarthy, Andrew McDonald, Adam McNamara, Tom Milligan, Jack North, Stuart Ramsey, Nuno Silva, Cherrelle Skeete

DOUBLURES

Helen Aluko, Morag Cross, Chipo Kureya, Tom Mackley, Joshua Wyatt

Nuno Silva	Chef de la figuration
Jack North	Assistant du chef de la figuration
Morag Cross	Direction vocale

L'ÉQUIPE DE CRÉATION
ET DE PRODUCTION

Histoire originale	J.K. Rowling, John Tiffany, Jack Thorne
Auteur de la pièce	Jack Thorne
Metteur en scène	John Tiffany
Directeur du mouvement	Steven Hoggett
Créatrice des décors	Christine Jones
Créatrice des costumes	Katrina Lindsay
Compositrice et arrangeuse	Imogen Heap
Designer d'éclairage	Neil Austin
Directeur du son et des bruitages	Gareth Fry
Illusions et tours de magie	Jamie Harrison
Supervision musicale et arrangements	Martin Lowe
Directrice du casting	Julia Horan CDG
Directeur de la production	Gary Beestone
Directeur de plateau	Sam Hunter
Premier assistant du metteur en scène	Des Kennedy
Adjoint du directeur du mouvement	Neil Bettles
Adjoint de la créatrice des décors	Brett J. Banakis
Adjoint du directeur du son et des bruitages	Pete Malkin
Adjoint du directeur des illusions et tours de magie	Chris Fisher
Adjointe de la directrice de casting	Lotte Hines
Assistant du designer d'éclairage	Adam King
Supervision des costumes	Sabine Lemaître
Coiffure, perruques, maquillage	Carole Hancock
Chefs accessoiristes	Lisa Buckley, Mary Halliday
Montage musical et effets son	Phij Adams
Production musicale	Imogen Heap
Effets spéciaux	Jeremy Chernick
Conception vidéo	Finn Ross, Ash Woodward
Coach linguistique	Daniele Lydon
Coach vocal	Richard Ryder
Régisseur général	Richard Clayton
Régisseur de plateau	Jordan Noble-Davies

Adjointe du régisseur de plateau	Jenefer Tait
Assistants de plateau	Oliver Bagwell Purefoy, Tom Gilding, Sally Inch, Ben Sherratt
Réalisateur résident	Pip Minnithorpe
Réalisatrice des costumes	Amy Gillot
Adjointe de la réalisatrice des costumes	Laura Watkins
Couturières	Kate Anderson, Leanne Hired
Habilleurs et habilleuses	George Amielle, Melissa Cooke, Rosie Etheridge, John Ovenden, Emilee Swift
Chef coiffure, perruques, maquillage	Nina Van Houten
Assistante coiffure, perruques, maquillage	Alice Townes
Coiffure et maquillage	Charlotte Briscoe, Jacob Fessey, Cassie Murphie
Régisseur son	Chris Reid
Adjoint du régisseur son	Rowena Edwards
Assistante son	Laura Caplin
Opérateur matériel SFX	Callum Donaldson
Chef de l'automation	Josh Peters
Chef adjoint de l'automation	Jamie Lawrence
Assistant automation	Jamie Robson
Chef électricien du spectacle	David Treanor
Cintrier machiniste	Paul Gurney
Accompagnement des enfants acteurs	David Russell, Eleanor Dowling
Administration générale	Sonia Friedman Productions
Directrice exécutive	Diane Benjamin
Productrice exécutive	Pam Skinner
Productrice adjointe	Fiona Stewart
Assistante de la productrice	Ben Canning
Assistant de direction générale	Max Bittleston
Assistante de production	Imogen Clare-Wood
Marketing Manager	Laura Jane Elliott
Gestion de la trésorerie	Mark Payn
Producteur associé chargé du développement	Lucie Lovatt
Assistante du développement	Lydia Rynne
Assistant littéraire	Jack Bradley
Secrétariat	Jordan Eaton
Assistante à l'optimisation des sièges	Vicky Ngoma

REMERCIEMENTS

Merci à tous les acteurs qui ont participé aux ateliers *Harry Potter et l'enfant maudit*, Mel Kenyon, Rachel Taylor, Alexandria Horton, Imogen Clare-Wood, Florence Rees, Jenefer Tait, David Nock, Rachel Mason, Colin, Neil, Sonia, à tous les collaborateurs de SFP et de The Blair Partnership, à Rebecca Salt de JKR PR, à Nica Burns et toute l'équipe du Palace Theatre, et, bien entendu, à nos extra-ordinaires comédiens qui nous ont aidés à donner vie à chaque mot.

TABLE

Le papier de cet ouvrage est composé de fibres naturelles, renouvelables, recyclables et fabriquées à partir de bois provenant de forêts gérées durablement.

Loi n° 49-956 du 16 juillet 1949
sur les publications destinées à la jeunesse
ISBN : 978-2-07-507420-9
Numéro d'édition : 311557
Dépôt légal : octobre 2016

Imprimé au Canada par Marquis